CONTABILIDADE DE GESTÃO APLICADA AO TURISMO

CB081224

CONTABILIDADE DE GESTÃO APLICADA AO TURISMO

Ana Lucas Martins
Luís Lima Santos
Conceição Gomes
Cátia Malheiros

ALMEDINA

CONTABILIDADE DE GESTÃO APLICADA AO TURISMO

AUTORES
Ana Lucas Martins; Luís Lima Santos; Conceição Gomes;
Cátia Malheiros

EDITOR
EDIÇÕES ALMEDINA, S.A.
Avenida Emídio Navarro, 81, 3D
3000-151 Coimbra
Tel.: 239 851 904 · Fax: 239 851 901
www.almedina.net · editora@almedina.net

PAGINAÇÃO
EDIÇÕES ALMEDINA, S.A.

DESIGN DE CAPA
FBA./Ana Simões

IMPRESSÃO E ACABAMENTO

Setembro, 2022

DEPÓSITO LEGAL

Os dados e as opiniões inseridos na presente publicação são da exclusiva responsabilidade do(s) seu(s) autor(es).
Toda a reprodução desta obra, por fotocópia ou outro qualquer processo, sem prévia autorização escrita do Editor, é ilícita e passível de procedimento judicial contra o infrator.

ALMEDINA | GRUPOALMEDINA

BIBLIOTECA NACIONAL DE PORTUGAL – CATALOGAÇÃO NA PUBLICAÇÃO

CONTABILIDADE DE GESTÃO APLICADA
AO TURISMO

Contabilidade de gestão aplicada ao turismo / Ana Lucas
Martins... [et al.]. – 1ª ed. – (Economia e finanças)
ISBN 978-989-40-0785-2

I –MARTINS, Ana Lucas

CDU 657

ÍNDICE

LISTA DE ACRÓNIMOS

A&B	Alimentação e Bebidas
ABB	*Activity-Based Budgeting*
ABC	*Activity Based Costing*
BAR	*Best Available Rate*
CBA	Custeio Baseado nas Atividades
CF	Custos Fixos Totais
CFunit	Custos Fixos Unitários
CINI	Custos Industriais Não Incorporados
CIP	Custo Industrial do Produto
CIPA	Custo Industrial do Produto Acabado
CIPAunit	Custo Unitário Industrial do Produto Acabado
CIPunit	Custo Unitário Industrial do Produto
CIPV	Custo Industrial dos Produtos Vendidos
CIPVunit	Custo Unitário Industrial dos Produtos Vendidos
CMP	Custo Médio Ponderado
CT	Custo Total
Cunit	Custos Unitários
CV	Custos Variáveis Totais
CVR	Modelo custo-volume-resultado
CVunit	Custos Variáveis Unitários
DD	Desvio Desfavorável
DE	Desvio Eficiência
DF	Desvio Favorável
DMV	Desvio *Mix* das Vendas
DNA	Desvio Nível Atividade
DOF	Desvio de Orçamento Flexível
DQ	Desvio Quantidade
DR	Demonstração Real
EBIT	*Earnings Before Interest and Taxes*
EBITDA	*Earnings Before Interest, Taxes, Depreciation and Amortization*
EBT	*Earnings Before Taxes*
FIFO	*First In First Out*

GGF	Gastos Gerais de Fabrico
HM	Hora-Máquina
IAS	*Internacional Accounting Standards*
IFRS	*International Financial Reporting Standards*
Io	*Input* orçamentado
Ir	*Input* real
IVA	Imposto Sobre o Valor Acrescentado
MCt	Margem de Contribuição Total
MCu	Margem de Contribuição Unitária
MOD	Mão-de-Obra Direta
MP	Matérias Primas
MS	Margem de Segurança
NCRF	Normas Contabilísticas e de Relato Financeiro
NI	*Net Income*
OAV	Orçamento Ajustado ao Volume
OBZ	Orçamento de Base Zero
OF	Ordens de Fabrico
OR	Orçamento Rígido
OTA	*Online Travel Agency*
Pe	Produção efetiva
Po	Preço orçamentado
Pr	Preço real
PV	Preço de Venda
Pvf	Produtos em vias de fabrico
Qo	Quantidade orçamentada
Qr	Quantidade real
R	Resultado
RAI	Resultado Antes de Impostos
RL	Resultado Líquido
RMC	Rácio da Margem de Contribuição
SNC	Sistema de Normalização Contabilística
TQM	*Total Quality Management*
UE	Unidades equivalentes
V	Vendas
ZBB	*Zero-Base Budgeting*

NOTA DOS AUTORES

Quis o «destino» que os autores partilhassem atividades docentes numa instituição de ensino superior que se dedica há mais de 20 anos à formação superior em Turismo, a Escola Superior de Turismo e Tecnologia do Mar de Peniche, do Politécnico de Leiria.

O desafio para escrever um livro sobre contabilidade de gestão aplicada ao turismo revestiu-se de enorme interesse para os autores — que lecionam nas áreas abordadas no livro — os quais estão convictos de que o resultado obtido colherá leituras interessantes e profícuas para os seus leitores. De facto, o grande argumento para um livro desta natureza, além da sua originalidade, residiu na utilidade que o mesmo pode vir a ter para os estudantes de cursos superiores e profissionais na área do turismo, para os gestores de empresas de turismo — designadamente, hoteleiras e de restauração — e para os contabilistas certificados e outros profissionais que todos os dias se deparam com desafios de gestão no dia-a-dia em empresas de turismo.

Foi também determinante a importância da economia do turismo para as contas do país, pois trata-se de um sector de atividade complexo, com forte impacto socioeconómico, o qual é aferido através do contributo do turismo para o PIB e o emprego, e com um elevado efeito multiplicador na economia.

A estrutura do livro procura responder às necessidades mais evidentes ao nível da contabilidade de gestão, estando organizado em 11 capítulos:

- O primeiro aborda o sistema contabilístico de informação de apoio à gestão, com especial incidência na capacidade informativa das principais demonstrações financeiras, na identificação dos elementos das demonstrações financeiras e nas regras de reconhecimento e de mensuração dos elementos das demonstrações financeiras. Após esta abordagem ao poder informativo da contabilidade financeira, o capítulo termina com um primeiro olhar sobre a importância de as empresas disporem de um sistema de contabilidade de gestão.
- O segundo capítulo foca-se na dicotomia dos gastos, industriais e não industriais, começando por esclarecer a diferença entre gasto e custo. Aborda, depois, as componentes do custo industrial e identifica os custos não industriais, distingue gastos dos produtos de gastos dos períodos e explica vários conceitos de custo utilizados pela contabilidade de gestão.
- Seguidamente, são dilucidados os métodos de custeio, os quais devem ser adequados ao tipo de produção da empresa, ao facto de a produção ser disjunta ou conjunta, à existência de produtos em vias de fabrico e/ou de produção defeituosa.

- O quarto capítulo serve para o estudo do método das secções homogéneas, que é feito com a identificação do objeto de custo, a escolha da base de imputação adequada e a sua aplicação por via de um coeficiente e, por fim, a afetação dos valores obtidos ao objeto de custo.
- Para análise de outras metodologias de cálculo e afetação dos custos indiretos aos vários objetos de custo, o capítulo cinco aborda o *Activity Based Costing* (ABC), evidenciando as vantagens em relação à repartição tradicional dos custos.
- O capítulo sequente faz a análise dos sistemas de custeio: custo real vs. custo básico; custo padrão; custeio total vs. custeio variável vs. custeio racional.
- O sétimo capítulo desenvolve a importância do custo variável para a decisão, através de modelos de análise relacionados com a rendibilidade e com o risco.
- O capítulo oito versa sobre o registo das operações da contabilidade analítica com a utilização de um código de contas complementar ao adotado pelo SNC (contabilidade financeira), os quais poderão beneficiar de uma ligação racional.
- A gestão orçamental, as técnicas para a elaboração de orçamentos e os tipos de orçamentos são os assuntos abordados no nono capítulo.
- O capítulo décimo aborda os vários orçamentos da empresa de uma forma detalhada.
- O último capítulo é destinado ao controlo orçamental, ao apuramento de desvios, bem como à sua identificação e interpretação.

Agora que o livro está concluído, fica o desejo de boas leituras aos estimados leitores — sejam estudantes, gestores ou contabilistas certificados — mas também a abertura para receber sugestões de melhoria, pois uma obra escrita não pode ser alheia às dinâmicas da construção do conhecimento.

Os autores.

PREFÁCIO

O Turismo é uma atividade económica que gera emprego durante todo o ano, que preserva o território, o ambiente e os seus recursos, numa constante valorização do património, da natureza, da cultura, das comunidades locais e do destino Portugal, fomentada por uma ação concertada de todos os agentes do setor e numa aposta, cada vez mais premente, na inovação, na qualificação dos recursos humanos e na sustentabilidade.

Valorizar as profissões do turismo, assegurar a formação de recursos humanos, a capacitação em contínuo de empresários e gestores, a difusão de conhecimento e informação, contribuindo para a afirmação de Portugal como um *smart destination* têm sido medidas que a estratégia nacional (ET 2027) tem preconizado de forma muito particular.

Gerir, planear, escolher, adotar boas práticas, tomar decisões, fazer mais e melhor, sendo criativo e inovador, são fatores decisivos que se ligam diretamente ao acesso à informação, no intuito de aumentar conhecimento e saber.

E é nesse contexto que a presente obra *Contabilidade de Gestão Aplicada ao Turismo* assume uma particular relevância e sentido de oportunidade, dando a conhecer, de uma forma sistematizada e atual, a vertente contabilística e de gestão turística, perspetivando desafios, apontando caminhos e conferindo uma especial atenção às tendências mais prementes que o futuro próximo apresenta.

Sendo um trabalho que concorre para um futuro melhor do setor turístico, contribui, de forma inequívoca, para que os presentes e futuros profissionais do turismo se encontrem mais preparados para os desideratos destes novos tempos, razão pela qual o Turismo de Portugal se congratula com esta edição. Não só pela convergência que ela detém com os objetivos da estratégia nacional, mas porque constitui um elemento de execução dessa mesma estratégia — cujo sucesso se tem aliado ao esforço e dedicação todos os agentes turísticos, públicos e privados, com a hotelaria e restauração, da mais clássica à mais inovadora, a desempenhar um papel cada vez mais relevante.

Com a crescente exigência na formação e qualificação de profissionais, o turismo será, cada vez mais, um fiável gerador de emprego. Profissionais devidamente qualificados contribuem para tornar Portugal um destino de excelência, constituindo-se um importante eixo da estratégia de modernização e adaptação da oferta turística às reais necessidades do mercado.

Construir o turismo do futuro implica dar continuidade à responsabilidade de disponibilizar e partilhar conhecimento, criar emprego, ser empreendedor, preservar o território, salvaguardar o ambiente e os seus recursos, valorizar a cultura e as comunidades, num incessante desígnio de bem receber, inovar e continuar a desenvolver o país.

Luís Araújo
Presidente do Turismo de Portugal

CAPÍTULO I
O SISTEMA CONTABILÍSTICO DE INFORMAÇÃO PARA APOIO À GESTÃO

As empresas, enquanto células sociais orientadas para o lucro, têm uma importância fundamental ao proporcionar rendimento às famílias, ao ajudar a suportar os gastos do Estado nas suas diversas funções e, em última análise, ao contribuir para a prosperidade social (emprego) e para a riqueza do país (produto interno bruto).

A mensuração e divulgação do lucro gerado pelas empresas são proporcionadas pela contabilidade, a qual, no âmbito das ciências sociais, é entendida como um sistema de informação de apoio à gestão. Esta perceção contemporânea contrasta com a visão tradicional em que a contabilidade era aceite como um método de registo das operações cuja maior finalidade era a tributação.

Neste primeiro capítulo, abordar-se-ão tópicos relacionados com a empresa enquanto sistema dinâmico e com os sistemas de informação no sentido de ilustrar as diferenças e os pontos de contacto entre a contabilidade financeira, a contabilidade analítica e a contabilidade de gestão.

1. A empresa como sistema dinâmico

«A empresa é, com certeza, uma das invenções mais importantes do homem e, ao mesmo tempo, uma das instituições fundamentais da nossa sociedade.» (Teixeira, 2011).

A empresa pode ser entendida como um sistema dinâmico que proporciona trocas dentro do ambiente interno e, também, como um sistema aberto que interage com o ambiente externo, realizando constantes interações com este (Figura 1.1.).

A dimensão de uma empresa, ou até a sua configuração legal ou organizacional, pode determinar a existência de subsistemas dentro do sistema principal; também estes subsistemas podem coexistir num complexo sistémico dinâmico e aberto, efetuando constantes interações internas e com a envolvente externa.

Na perspetiva dos destinatários da informação proporcionada pelo sistema contabilístico, o ambiente externo de proximidade é composto por clientes e fornecedores; por acionistas, investidores e bancos; e por concorrentes e entidades regulamentadoras (governo, sindicatos e associações sectoriais). O ambiente externo geral é composto por fatores conjunturais ou estruturais como os fatores políticos, socioeconómicos, demográficos, legais (legislação laboral, comercial e fiscal), tecnológicos e de sustentabilidade.

FIGURA 1.1. – AMBIENTES DA EMPRESA

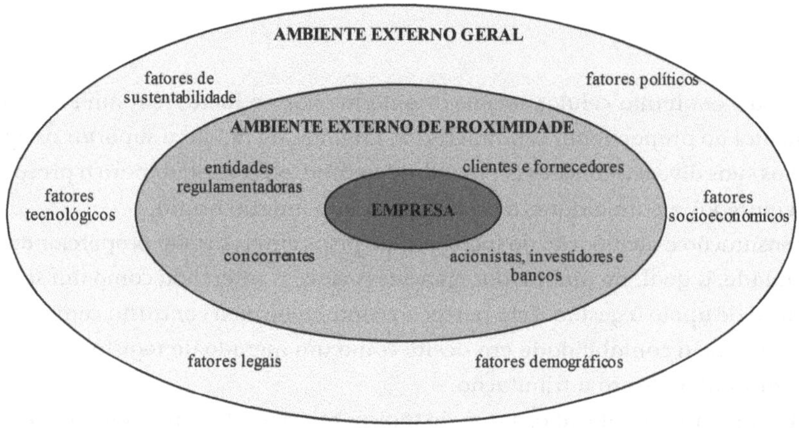

Fonte: Elaboração própria.

2. As especificidades do sector do turismo

O turismo representa uma atividade complexa que tem impacto não só a nível económico como também social, ambiental, político, cultural, entre outros. O seu impacto económico é regularmente medido, nomeadamente através do seu impacto no PIB e no emprego, contudo o efeito multiplicador que caracteriza o turismo tem outros efeitos indiretos, por vezes, difíceis de quantificar.

Num contexto em que as economias começam a recuperar da crise causada pela pandemia, a medição do peso do turismo implica uma análise pré e pós-covid. Em 2019, antes da crise causada pela pandemia, o turismo tinha crescido 4%. Na Tabela 1.1., é possível observar o peso desta atividade no PIB e no emprego tanto no mundo, como em Portugal.

TABELA 1.1. – PESO DO TURISMO NO PIB E NO EMPREGO

	2019	2020	2021
		Mundo	
PIB	10,3%	5,3%	6,1%
Empregos	1 em 10 empregos	1 em 12 empregos	1 em 11 empregos
		Portugal	
PIB	17,1%	8,7%	10,9%
Emprego	21,3% do total do emprego	18,2% do total do emprego	18,9% do total do emprego

Fonte: WTTC. (2022). *Portugal 2022 Annual Research: Key Highlights.*

Reconhece-se que o turismo tem uma elevada capacidade de recuperação. De facto, como se pode verificar na tabela, os indicadores já dão sinais de melhoria. Segundo dados do INE apresentados pelo Turismo de Portugal, no período entre janeiro e abril 2022, a taxa de crescimento das dormidas em Portugal foi de 449,2%, a de crescimento do número de hóspedes de 387,5% e a das receitas foi de 267,2%.

Conforme se pode observar na Tabela 1.2., as principais atividades económicas consideradas turísticas são o alojamento e a restauração (canal HORECA), os transportes, as agências de viagem e operadores turísticos e as atividades recreativas e culturais.

TABELA 1.2. – NÚMERO DE EMPRESAS, PESSOAL AO SERVIÇO E VOLUME DE NEGÓCIO DO TURISMO

ATIVIDADE ECONÓMICA	Nº de Empresas			Pessoal ao Serviço			Volume de Negócios		
	Nº	% Turismo	% Nacional	Nº	% Turismo	% Nacional	Nº	% Turismo	% Nacional
TOTAL NACIONAL	1.196.102	.	.	3.704.740	.	.	340.479.969.424 €	.	.
TOTAL TURISMO	136.168	.	11,4%	405.827	.	11,0%	20.778.618.385 €	.	6,1%
CANAL HORECA	**97.562**	**71,6%**	8,2%	**317.808**	**78,3%**	8,6%	**11.614.546.724 €**	**55,9%**	3,4%
Restauração e Bebidas	**75.701**	**55,6%**	**6,3%**	**237.548**	**58,5%**	**6,4%**	**7.718.262.940 €**	**37,1%**	**2,3%**
Alojamento Turístico	**21.861**	**16,1%**	**1,8%**	**80.260**	**19,8%**	**2,2%**	**3.896.283.784 €**	**18,8%**	**1,1%**
TRANSPORTES	11.681	8,6%	1,0%	41.836	10,3%	1,1%	5.938.772.661 €	28,6%	1,7%
Transportes aéreos de passageiros	75	0,1%	0,0%	11.244	2,8%	0,3%	3.683.216.744 €	17,7%	1,1%
Transportes marítimos de passageiros	164	0,1%	0,0%	...	...	...	...		
Rent-a-Car	579	0,4%	0,0%	4.366	1,1%	0,1%	1.398.034.551 €	6,7%	0,4%
Outros Transportes	10.863	8,0%	0,9%	26.226	6,5%	0,7%	857.521.366 €	4,1%	0,3%
AGÊNCIAS DE VIAGENS E OPERADORES TURÍSTICOS	3.598	2,6%	0,3%	12.079	3,0%	0,3%	2.227.739.204 €	10,7%	0,7%
Agências de Viagem	1.753	1,3%	0,1%	9.030	2,2%	0,2%	1.885.933.032 €	9,1%	0,6%
Operadores Turísticos	291	0,2%	0,0%	741	0,2%	0,0%	252.363.443 €	1,2%	0,1%
Outros serviços de reservas e actividades relacionadas	1.554	1,1%	0,1%	2.308	0,6%	0,1%	89.442.729 €	0,4%	0,03%
ATIVIDADES RECREATIVAS E CULTURAIS	23.327	17,1%	2,0%	34.104	8,4%	0,9%	997.559.796 €	4,8%	0,3%
Atividades Recreativas	23.157	17,0%	1,9%	32.420	8,0%	0,9%	915.381.122 €	4,4%	0,3%
Atividades Culturais	170	0,1%	0,0%	1.684	0,4%	0,0%	82.178.674 €	0,4%	0,0%

Nota: (...) Dados não disponíveis

Fonte: AHRESP, 2018.

Utilizando valores arredondados, é possível verificar que o canal HORECA representa 72% das empresas do turismo, 78% do pessoal ao serviço e 53% do volume de vendas do sector, já os transportes, que apenas representam 9% do número de empresas, são responsáveis por 29% do volume de vendas. As agências de viagem e operadores turísticos são responsáveis por gerar 11% do volume de vendas deste sector. Estas atividades apresentam características próprias, por um lado, ligadas às especificidades do turismo, por outro, inerentes às suas próprias particularidades.

Pela importância que o turismo tem para as economias e para a sociedade de maneira geral, e pelas singularidades que este sector apresenta, torna-se fundamental dotar as empresas de ferramentas de gestão e de tomada de decisão que permitam melhorar os seus resultados e, assim, torná-las cada vez mais competitivas num mercado à escala global. A OCDE (2020) salienta que é necessário preparar as empresas para o mundo digital e redefinir o sucesso do turismo numa perspetiva de crescimento sustentável.

3. As perspetivas económica, financeira e monetária

Ao proporcionar informação, o sistema contabilístico utiliza diversos conceitos económicos e financeiros que devem ser do conhecimento dos destinatários das demonstrações financeiras.

Desde logo, importa distinguir que os conceitos económicos estão ligados à atividade operacional da empresa, ou seja, à atividade comercial, produtiva ou de prestação de serviços. São conceitos que estão relacionados com a obtenção de rendimentos (ou proveitos) e a assunção de gastos (ou custos) relativos à atividade operacional da empresa.

Os conceitos financeiros estão associados à formação dos direitos e das obrigações da empresa, designadamente à obtenção de direitos a receber (receitas) e à assunção de obrigações a pagar (despesas).

Já os conceitos monetários têm que ver com os fluxos de tesouraria, portanto, com os recebimentos e pagamentos.

Como referem Lima Santos et al. (2016), o recebimento ocorre com a entrada de meios monetários e reflete a cobrança de créditos sobre terceiros, podendo não coincidir nem com o momento da verificação da receita (obtenção do crédito) nem com o momento do reconhecimento do rendimento. O pagamento ocorre com a saída de meios monetários e espelha a liquidação de débitos a terceiros, podendo não coincidir nem com o momento da verificação da despesa (contração da dívida) nem com o momento do reconhecimento do gasto.

Para melhor se compreender o alcance práticos dos conceitos, apresentam-se os seguintes exemplos:

- Fatura de fornecedor relativa à compra de mercadorias — despesa.
- Emissão de cheque para liquidação de dívida ao fornecedor de mercadorias — pagamento.
- Fatura-recibo relativa ao fornecimento de combustível — despesa, gasto e pagamento.
- Fatura a cliente relativa à venda de mercadorias — receita e rendimento; se utilizar o sistema de inventário permanente, o custo das mercadorias vendidas é um gasto.
- Transferência bancária de um cliente — recebimento.
- Fatura de fornecedor relativa a serviços de comunicações do mês anterior — despesa e gasto; transferência MB para liquidar a fatura — pagamento.
- Fatura-recibo a cliente relativa à prestação de serviço a pronto — rendimento e recebimento.
- Nota de crédito de fornecedor relativa a desconto comercial — receita.

Em termos esquemáticos, vejamos a Tabela 1.3.

TABELA 1.3. - CONCEITOS ECONÓMICOS, FINANCEIROS E MONETÁRIOS

Perspetiva	Componente positivo	Componente negativo
Económica	Rendimento	Gasto
Financeira	Receita	Despesa
Monetária	Recebimento	Pagamento

Fonte: Adaptado de Lima Santos *et al.* (2016).

4. A contabilidade financeira

Um bom sistema de informação, em particular o de contabilidade financeira, é essencial num mercado global que exige a obtenção de recursos financeiros em condições competitivas e que obriga à aplicação criteriosa dos mesmos, de forma a sustentar a rendibilidade do negócio (Lima Santos *et al.*, 2016).

A contabilidade financeira é um ramo da contabilidade que se distingue pelo rigor, objetividade e comparabilidade, auxiliando os gestores na tomada de decisões, o que envolve o processo de interpretação e registo dos factos relativos à empresa e permite apurar o resultado e a situação patrimonial e elaborar análises económico-financeiras.

A contabilidade financeira tem uma forte relação com os factos passados, com os quais reconhece, mensura, apresenta e divulga os ativos, os passivos e o capital próprio, bem como os rendimentos e os gastos. É conhecida por contabilidade externa pois está organizada em função de regras comuns a todas as empresas, e as informações que proporciona podem e/ou devem ser objeto de divulgação aos utilizadores externos, como é o caso da autoridade tributária, do sistema bancário, dos fornecedores, dos investidores e dos acionistas.

Em Portugal, o sistema contabilístico de informação das empresas do sector privado, onde naturalmente se inclui o sector do turismo, adota o Sistema de Normalização Contabilística (SNC), que está em sintonia com o normativo contabilístico internacional que é determinado pelas *Internacional Accounting Standards* e *International Financial Reporting Standards* (IAS-IFRS). O facto de um país com enorme tradição no turismo ter adotado o processo de harmonização internacional é uma vantagem para os gestores de empresas pois, no que se refere às demonstrações financeiras, facilita a tomada de decisão suportada em princípios, conceitos e modelos de demonstrações financeiras harmonizados e com plena aceitação a nível global.

O grande objetivo deste sistema contabilístico é proporcionar informação a diversos destinatários, sob a forma de demonstrações financeiras, com ênfase na apresentação da posição financeira, do desempenho e dos fluxos de caixa de uma empresa. No SNC, o conjunto completo de demonstrações financeiras inclui o balanço, a demonstração dos resultados por naturezas, a demonstração dos resultados por funções, a demonstração das alterações no capital próprio, a demonstração dos fluxos de caixa e o anexo.

Não obstante a importância da informação proporcionada pelas referidas demonstrações, parece reunir consenso entre a generalidade dos utilizadores, designadamente os gestores, a maior relevância das seguintes demonstrações:

- Balanço;
- Demonstração dos resultados por naturezas; e
- Demonstração dos fluxos de caixa.

Por este motivo, seguidamente são apresentados os elementos destas demonstrações financeiras — ativos e passivos (balanço), rendimentos e gastos (demonstração dos resultados) e recebimentos e pagamentos (demonstração dos fluxos de caixa) —, são explicadas as suas regras de reconhecimento (registo contabilístico) e são enunciadas as bases para determinar as quantias monetárias pelas quais os referidos elementos são reconhecidos.

Pretende-se sensibilizar os gestores de empresas de turismo para a capacidade informativa das demonstrações financeiras no apoio à decisão responsável e fundamentada.

No sentido de privilegiar a listagem do conteúdo das demonstrações, não é apresentado o conteúdo à direita das rubricas em todas as demonstrações e que consiste em três colunas, a primeira com indicação da correspondência das rubricas às notas do anexo e as outras com valores relativos a dois períodos sucessivos, uma para o período atual (designado por «n») e outra para o período anterior (designado por «n-1»).

4.1. Balanço

O balanço é um dos três eixos da informação contabilística contemporânea em conjunto com a demonstração dos resultados e com a demonstração dos fluxos de caixa.

O balanço pode ser interpretado na ótica patrimonial ou financeira:

- Na ótica patrimonial, o balanço informa sobre o património de uma empresa em determinada data, devidamente avaliado e organizado por itens correntes e não correntes. Os elementos do ativo são compostos por bens e direitos e os elementos do passivo são compostos por obrigações; a diferença entre os elementos ativos e os elementos passivos é designada por capital próprio e é representativa do património de uma empresa.
- Na ótica financeira, o balanço informa, com referência a determinada data, quais os recursos financeiros e quais as aplicações. Os recursos são indicados pelos elementos do capital próprio e do capital alheio (passivo) e as aplicações são indicadas pelos elementos do ativo.

No balanço, os elementos do ativo, do passivo e do capital próprio são seriados de forma distinta.

O ativo por ordem crescente de liquidez:

- ativo não corrente, inclui os itens fixos (ativos fixos tangíveis, ativos intangíveis e ativos financeiros) cuja natureza seja de longo prazo, isto é, que não se destinam a venda no ciclo operacional da empresa; e
- ativo corrente, inclui os itens circulantes cuja natureza seja de curto prazo, isto é, que são detidos para venda (inventários), que se espera que sejam cobrados num período até 12 meses (contas a receber) e geridos para negociação ou para efeitos de tesouraria (meios financeiros líquidos) no ciclo operacional da empresa.

O passivo por ordem decrescente do prazo de exigibilidade:

- passivo não corrente, inclui os itens com prazo de exigibilidade para além do ciclo operacional da empresa, isto é, que se espera sejam liquidados num prazo superior a 12 meses (contas a pagar); e

- passivo corrente, inclui os itens com prazo de exigibilidade no ciclo operacional da empresa, isto é, que se espera sejam liquidados até 12 meses (contas a pagar).

O capital próprio, pela ordem da sua formação: capital subscrito, reservas, resultados transitados e resultado líquido do período.

O balanço do SNC (Figura 1.2.) é um modelo vertical no qual, de cima para baixo, são apresentados os subtotais do ativo não corrente e do ativo corrente, o total do ativo, o resultado líquido do período e o total do capital próprio, os subtotais do passivo não corrente e do passivo corrente, o total do passivo e, por fim, o total do capital próprio e do passivo.

FIGURA 1.2. - MODELO DE BALANÇO

BALANÇO	
ATIVO	
Ativo não corrente	
Ativos fixos tangíveis	
Propriedades de investimento	
Goodwill	
Ativos intangíveis	
Ativos biológicos	
Participações financeiras — método da equivalência patrimonial	
Outros investimentos financeiros	
Créditos a receber	
Ativos por impostos diferidos	
	Subtotal do ativo não corrente
Ativo corrente	
Inventários	
Ativos biológicos	
Clientes	
Estado e outros entes públicos	
Capital subscrito e não realizado	
Outros créditos a receber	
Diferimentos	
Ativos financeiros detidos para negociação	
Outros ativos financeiros	
Ativos não correntes detidos para venda	
Caixa e depósitos bancários	
	Subtotal do ativo corrente
	TOTAL DO ATIVO

BALANÇO	
CAPITAL PRÓPRIO E PASSIVO	
Capital próprio	
Capital subscrito	
Ações (quotas) próprias	
Outros instrumentos de capital próprio	
Prémios de emissão	
Reservas legais	
Outras reservas	
Resultados transitados	
Excedentes de revalorização	
Ajustamentos/outras variações no capital próprio	
Resultado líquido do período	
Interesses que não controlam	
	Total do capital próprio
Passivo	
Passivo não corrente	
Provisões	
Financiamentos obtidos	
Responsabilidades por benefícios pós-emprego	
Passivos por impostos diferidos	
Outras dívidas a pagar	
	Subtotal do passivo não corrente
Passivo corrente	
Fornecedores	
Adiantamentos de clientes	
Estado e outros entes públicos	
Financiamentos obtidos	
Outras dívidas a pagar	
Diferimentos	
Passivos financeiros detidos para negociação	
Outros passivos financeiros	
Passivos não correntes detidos para venda	
	Subtotal do passivo corrente
	Total do passivo
	TOTAL DO CAPITAL PRÓPRIO E DO PASSIVO

Fonte: SNC (2015).

Tal como o normativo internacional, o SNC atribui ao balanço a avaliação da posição financeira de uma empresa. Por outras palavras, o balanço proporciona à gestão informação útil que permite o cálculo da taxa de retorno do capital investido e a avaliação da liquidez, da solvabilidade e da autonomia financeira da empresa.

4.2. Demonstração dos resultados por naturezas

Um segundo eixo da informação contabilística é representado pela demonstração dos resultados por naturezas, que está estruturada no sentido de apresentar vários indicadores de aceitação generalizada, com referência a um determinado período de tempo.

A demonstração dos resultados evidencia a periodização económica, segundo a qual os rendimentos e gastos são reconhecidos nos períodos com os quais se relacionam, independentemente da verificação de recebimentos e pagamentos, respetivamente. É o primado do regime do acréscimo, segundo o qual o resultado líquido do período é a diferença entre os rendimentos e os gastos do período, podendo registar-se lucro num período em que há mais pagamentos que recebimentos e, em sentido oposto, registar-se prejuízo num período em que há mais recebimentos que pagamentos.

Portanto, lucro não significa necessariamente mais dinheiro (fluxos de caixa positivos) e prejuízo não significa necessariamente menos dinheiro (fluxos de caixa negativos). Os gestores devem ter em consideração esta especificidade inerente aos conceitos de lucro ou de prejuízo contabilístico.

Os elementos dos rendimentos e dos gastos estão organizados de forma a apresentarem indicadores muito utilizados na gestão empresarial e nos relatórios de gestão, como é o caso do:

- Resultado antes de depreciações, amortizações, gastos de financiamento e impostos, internacionalmente designado por *Earnings Before Interest, Taxes, Depreciation and Amortization* (EBITDA).
- Resultado operacional (antes de gastos de financiamento e impostos), *Earnings Before Interest and Taxes* (EBIT).
- Resultado antes de impostos, *Earnings Before Taxes* (EBT).
- Resultado líquido do período, *Net Income* (NI).

A demonstração dos resultados por naturezas do SNC (Figura 1.3.) apresenta uma disposição vertical na qual, de cima para baixo, são apresentados os subtotais correspondentes aos indicadores suprarreferidos.

FIGURA 1.3. – MODELO DA DEMONSTRAÇÃO DE RESULTADOS POR NATUREZAS

DEMONSTRAÇÃO DOS RESULTADOS POR NATUREZAS
Vendas e serviços prestados
Subsídios à exploração
Ganhos/perdas imputados de subsidiárias, associadas e empreendimentos conjuntos
Variação nos inventários da produção
Trabalhos para a própria entidade
Custo das mercadorias vendidas e das matérias consumidas
Fornecimentos e serviços externos
Gastos com o pessoal
Imparidade de inventários (perdas/reversões)
Imparidade de dívidas a receber (perdas/reversões)
Provisões (aumentos/reduções)
Imparidade de investimentos não depreciáveis/amortizáveis (perdas/reversões)
Aumentos/reduções de justo valor
Outros rendimentos
Outros gastos
Resultado antes de depreciações e amortizações, gastos de financiamento e impostos
Gastos/reversões de depreciação e de amortização
Imparidade de investimentos depreciáveis/amortizáveis (perdas/reversões)
Resultado operacional (antes de gastos de financiamento e impostos)
Juros e rendimentos similares obtidos
Juros e gastos similares suportados
Resultado antes de impostos
Imposto sobre o rendimento do período
RESULTADO LÍQUIDO DO PERÍODO

Fonte: SNC (2015).

4.3. Demonstração dos fluxos de caixa

O terceiro eixo da informação contabilística está patente na demonstração dos fluxos de caixa, a qual está estruturada no sentido de apresentar, com referência a um determinado período de tempo, um conjunto de informações relacionadas com recebimentos e pagamentos; esta demonstração é o suporte do regime contabilístico de caixa, segundo o qual o desempenho de uma empresa é avaliado em função dos recebimentos e pagamentos, ou seja, da variação de caixa e equivalentes (Lima Santos, 2004).

Esta demonstração representa o primado do regime de caixa, podendo registar-se superioridade dos recebimentos face aos pagamentos num período em que há prejuízo e, em sentido oposto, registar-se superioridade dos pagamentos face aos recebimentos num período em que há lucro. Por outras palavras, em determinado período, a variação positiva de caixa e equivalentes (fluxos de caixa positivos) não significa necessaria-

4.4. Demonstração dos resultados por funções

A demonstração dos resultados por funções também apresenta os rendimentos e os gastos reconhecidos nos períodos a que diz respeito, independentemente dos respetivos recebimentos e pagamentos, mas está estruturada no sentido de apresentar o resultado bruto e a afetação dos rendimentos e dos gastos pelas funções existentes na empresa, com referência a um determinado período de tempo.

Os elementos dos rendimentos e dos gastos estão organizados de forma a apresentar o resultado bruto e alguns dos indicadores de aceitação generalizada já referidos: o resultado operacional (antes de gastos de financiamento e impostos), o resultado antes de impostos e o resultado líquido do período.

A demonstração dos resultados por funções do SNC (Figura 1.5.) apresenta uma disposição vertical na qual, de cima para baixo, são apresentados os subtotais correspondentes aos indicadores suprarreferidos.

FIGURA 1.5. – MODELO DA DEMONSTRAÇÃO DE RESULTADOS POR FUNÇÕES

DEMONSTRAÇÃO DOS RESULTADOS POR FUNÇÕES	
Vendas e serviços prestados	
Custo das vendas e dos serviços prestados	
	Resultado bruto
Outros rendimentos	
Gastos de distribuição	
Gastos administrativos	
Gastos de investigação e desenvolvimento	
Outros gastos	
	Resultado operacional (antes de gastos de financiamento e de impostos)
Gastos de financiamento (líquidos)	
	Resultados antes de impostos
Imposto sobre o rendimento do período	
	RESULTADO LÍQUIDO DO PERÍODO

Fonte: SNC (2015).

4.5. Demonstração das alterações no capital próprio

A demonstração das alterações no capital próprio mostra as alterações ocorridas no capital próprio, com referência a um determinado período de tempo.

Esta demonstração está estruturada numa matriz de dupla entrada com linhas e colunas, sendo que na horizontal (linhas) descreve os factos suscetíveis de gerar alterações no capital próprio e na vertical (colunas) apresenta as rubricas do capital próprio:

- Os factos suscetíveis de gerar alterações no capital próprio estão divididos em dois grandes grupos: os que estão relacionados com as operações com detentores de capital no período e os que estão relacionados com as alterações associadas ao resultado líquido do período ou a outras alterações ao capital próprio.
- As rubricas do capital próprio evidenciam o capital próprio atribuído aos detentores do capital, os interesses que não controlam e o total do capital próprio.

Esta demonstração inclui o resultado integral, indicador que é a soma do resultado líquido do período com todas as alterações no capital próprio não relacionadas com operações efetuadas com os detentores do capital, evidenciando, desta forma, todos os movimentos efetuados diretamente no capital próprio que estão relacionados com a atividade da entidade (variações patrimoniais).

A demonstração das alterações no capital próprio do SNC (Figura 1.6.) apresenta a referida disposição matricial na qual, de cima para baixo, são apresentados os subtotais correspondentes à posição no início do período, às alterações no período, ao resultado líquido do período, ao resultado integral, às operações com detentores de capital no período e à posição no fim do período. A numeração das colunas corresponde às rubricas do capital próprio, as dez primeiras colunas contribuem para o primeiro subtotal relativo ao capital próprio atribuído aos detentores do capital:

(1) Capital subscrito.
(2) Ações (quotas próprias).
(3) Outros instrumentos de capital próprio.
(4) Prémios de emissão.
(5) Reservas legais.
(6) Outras reservas.
(7) Resultados transitados.
(8) Excedentes de revalorização.
(9) Ajustamentos/outras variações no capital próprio.
(10) Resultado líquido do período.
(11) Subtotal (capital próprio atribuído aos detentores do capital).
(12) Interesses que não controlam.
(13) Total do capital próprio.

FIGURA 1.6. – MODELO DA DEMONSTRAÇÃO DE ALTERAÇÕES NO CAPITAL PRÓPRIO

DEMONSTRAÇÃO DAS ALTERAÇÕES NO CAPITAL PRÓPRIO	
Posição no início do período	[1]
Alterações no período	
Primeira adoção de novo referencial contabilístico	
Alterações de políticas contabilísticas	
Diferenças de conversão de demonstrações financeiras	
Realização de excedentes de revalorização	
Excedentes de revalorização	
Ajustamentos por impostos diferidos	
Outras alterações reconhecidas no capital próprio	
Subtotal das alterações no período	[2]
Resultado líquido do período	[3]
Resultado integral	[4=2+3]
Operações com detentores de capital no período	
Realizações de capital	
Realizações de prémios de emissão	
Distribuições	
Entradas para cobertura de perdas	
Outras operações	
Subtotal das operações com detentores de capital no período	[5]
Posição no fim do período	[6=1+2+3+5]

Fonte: SNC (2015).

4.6. Anexo

O anexo é a demonstração financeira que proporciona um documento organizado das divulgações exigidas nas Normas Contabilísticas e de Relato Financeiro (NCRF).

Devem sempre ser apresentadas as seguintes notas: identificação da empresa e período de relato; referencial contabilístico de preparação das demonstrações financeiras; e políticas contabilísticas, alterações nas estimativas contabilísticas e erros. Quanto às restantes notas do anexo, poderão ser criadas sequências numéricas em conformidade com as divulgações a efetuar, destacando-se os seguintes assuntos:

- Ativos fixos tangíveis.
- Ativos intangíveis.
- Propriedades de investimento.
- Imparidade de ativos.
- Locações.
- Inventários.
- Custos de empréstimos obtidos.

- Provisões, passivos contingentes e ativos contingentes.
- Subsídios e outros apoios das entidades públicas.
- Efeitos de alterações em taxas de câmbio.
- Rendimentos e gastos.
- Fluxos de caixa.
- Acontecimentos após a data do balanço.
- Impostos sobre o rendimento.
- Matérias ambientais.
- Outras divulgações.

4.7. Reconhecimento e mensuração

O reconhecimento e a mensuração aplicam-se aos elementos das demonstrações financeiras, pelo que se torna fundamental conhecer os elementos das três principais demonstrações financeiras — balanço, demonstração dos resultados por naturezas e demonstração dos fluxos de caixa — e as regras de registo e de atribuição de valor a esses elementos.

4.7.1. Elementos das demonstrações financeiras

Os elementos relacionados com o balanço são os ativos, os passivos e o capital próprio:

- Ativo é um recurso controlado pela empresa, resultante de acontecimentos passados, do qual se espera a obtenção de benefícios económicos futuros.
- Passivo é uma obrigação presente da empresa, proveniente de acontecimentos passados e da liquidação, da qual se espera a saída de recursos incorporando benefícios económicos.
- Capital próprio é o interesse residual nos ativos da empresa depois de deduzir todos os seus passivos.

Os elementos relacionados com a demonstração dos resultados são os rendimentos e ganhos e os gastos e perdas:

- Rendimentos são aumentos nos benefícios económicos durante o período contabilístico, na forma de aumentos de ativos ou diminuições de passivos que implicam aumentos no capital próprio, além dos relacionados com as contribuições dos participantes no capital próprio.

- Gastos são diminuições nos benefícios económicos durante o período contabilístico, na forma de diminuições e depreciação/amortização de ativos ou aumentos de passivos que implicam diminuições no capital próprio, além das relacionadas com distribuições aos participantes no capital próprio.

Os elementos relacionados com a demonstração dos fluxos de caixa são os recebimentos (influxos de caixa) e os pagamentos (exfluxos de caixa).

4.7.2. Registo dos elementos nas demonstrações financeiras

O registo dos elementos nas demonstrações financeiras é um processo designado por reconhecimento e consiste em incorporar nas demonstrações financeiras um item que satisfaça a definição de um elemento e os critérios de reconhecimento, o que inclui a descrição do item por palavras e por uma quantia monetária e a inclusão dessa quantia nas demonstrações financeiras.

Um item que satisfaça a definição de uma classe deve ser reconhecido se cumprir os seguintes dois critérios:

- For provável que qualquer benefício económico futuro associado ao item flua para ou da empresa (o que pode ser revelador de incerteza); e
- O item tiver um custo ou um valor que possa ser mensurado com fiabilidade (podendo recorrer-se a estimativas). Quando uma estimativa razoável não puder ser feita, o item não é reconhecido nas demonstrações financeiras, mas, se o conhecimento do item for considerado relevante, deve ser divulgado no anexo.

Em termos práticos, quanto ao balanço:

- Um ativo é reconhecido quando for provável que os benefícios económicos futuros fluam para a empresa e o ativo tenha um custo ou um valor que possa ser mensurado com fiabilidade.
- Um passivo é reconhecido quando for provável que um exfluxo de recursos incorporando benefícios económicos resulte da liquidação de uma obrigação presente e que a quantia pela qual a liquidação tenha lugar possa ser mensurada com fiabilidade.

Quanto à demonstração dos resultados por naturezas:

- Um rendimento é reconhecido quando há um aumento de benefícios económicos futuros relacionados com um aumento num ativo, ou com uma diminuição de um passivo, que possa ser quantificado com fiabilidade.

- Os gastos são reconhecidos quando há uma diminuição dos benefícios económicos futuros relacionados com uma diminuição num ativo, ou com um aumento de um passivo, que possa ser mensurada com fiabilidade.

Quanto à demonstração dos fluxos de caixa:

- Um recebimento é reconhecido quando ocorre um influxo de caixa e seus equivalentes.
- Um pagamento é reconhecido quando ocorre um exfluxo de caixa e seus equivalentes.

4.7.3. Valor dos elementos nas demonstrações financeiras

A atribuição de valor aos elementos nas demonstrações financeiras é um processo designado por mensuração que consiste em determinar as quantias monetárias pelas quais os elementos devem ser reconhecidos e inscritos nas demonstrações financeiras.

Este é um processo que envolve a seleção da base de mensuração de entre o custo histórico, o custo corrente, o valor realizável, o valor presente e o justo valor.

- De acordo com o custo histórico, os ativos são registados pela quantia de caixa, ou equivalentes de caixa, paga ou pelo justo valor da retribuição dada para os adquirir no momento da sua aquisição; os passivos são registados pela quantia dos proventos recebidos em troca da obrigação ou pelas quantias de caixa, ou de equivalentes de caixa, que se espera que venham a ser pagas para satisfazer o passivo no decurso normal dos negócios.
- Nos termos do custo corrente, os ativos são registados pela quantia de caixa, ou de equivalentes de caixa, que teria de ser paga se o mesmo ou um ativo equivalente fosse correntemente adquirido; os passivos são registados pela quantia não descontada de caixa, ou de equivalentes de caixa, que seria necessária para liquidar correntemente a obrigação.
- Com o valor realizável, também designado por valor de liquidação, os ativos são registados pela quantia de caixa, ou equivalentes de caixa, que possa ser correntemente obtida ao vender o ativo numa alienação; os passivos são registados pelos seus valores de liquidação, ou seja, pelas quantias não descontadas de caixa, ou equivalentes de caixa, que se espera que sejam pagas para satisfazer os passivos no decurso normal dos negócios.
- Em conformidade com o valor presente, os ativos são registados pelo valor presente descontado dos futuros influxos líquidos de caixa que se espera que o item gere no

decurso normal dos negócios; os passivos são registados pelo valor presente descontado dos futuros exfluxos líquidos de caixa que se espera que sejam necessários para liquidar os passivos no decurso normal dos negócios.

- O justo valor é a quantia pela qual um ativo poderia ser trocado, ou um passivo liquidado, entre partes conhecedoras e dispostas a isso, numa transação em que não exista relacionamento entre elas.

São permitidas diferentes bases de mensuração em graus diferentes e em variadas combinações nas demonstrações financeiras, no entanto, a base de mensuração geralmente adotada pelas empresas ao preparar as suas demonstrações financeiras é o custo histórico, que, geralmente, é combinado com outras bases de mensuração.

4.8. Em síntese

Em conformidade com o normativo IAS-IFRS, o SNC estabelece os modelos de demonstrações financeiras. O sistema de informação contabilística e financeira do SNC para o sector privado é, naturalmente, aplicável às empresas de turismo.

De entre as demonstrações financeiras, há três que fundam os eixos principais da informação contabilística contemporânea:

- O balanço, que evidencia o ativo (não corrente e corrente), o capital próprio (onde se inclui o resultado líquido do período) e o passivo (não corrente e corrente).
- A demonstração dos resultados por naturezas, que apresenta os rendimentos e os gastos, apresentando indicadores de aceitação generalizada como o EBITDA, o EBIT, o EBT e, naturalmente, o resultado líquido do período.
- A demonstração dos fluxos de caixa, que exibe os recebimentos e os pagamentos, apresentando os fluxos de caixa das atividades operacionais, de investimento e de financiamento.

Os elementos das demonstrações financeiras são:

- Os ativos, os passivos e o capital próprio (balanço).
- Os rendimentos e os gastos (demonstração dos resultados).
- Os recebimentos e os pagamentos (demonstração dos fluxos de caixa).

De acordo com as regras para registo — reconhecimento — de um elemento nas demonstrações financeiras, um item que satisfaça a definição de uma classe deve ser reconhecido se for provável que qualquer benefício económico futuro associado ao item flua para ou da empresa e se o item tiver um custo ou um valor que possa ser mensurado com fiabilidade.

A base de atribuição de valor — mensuração — geralmente adotada pelas empresas ao preparar as suas demonstrações financeiras é o custo histórico.

5. Da contabilidade de custos à contabilidade de gestão

Para além da informação obrigatória em sede de contabilidade financeira, os sistemas contabilísticos permitem gerar várias informações sob distintas formas que, além da gestão, podem ser utilizadas por outros destinatários com interesses muito diferentes. No entanto, como o custo dos sistemas contabilísticos de informação é suportado pelas próprias empresas, a produção de informação que permita análises detalhadas das operações da empresa, designadamente dos gastos e dos rendimentos das suas atividades operacionais, deve privilegiar os interesses da gestão, razão pela qual a contabilidade analítica assume especial importância.

5.1. Contabilidade analítica — ramo da contabilidade

Desde logo importa ressalvar os tradicionais ramos da contabilidade, contabilidade financeira e contabilidade analítica (Tabela 1.4.). De acordo com este entendimento, a contabilidade analítica é um ramo da contabilidade que tem como objetivo produzir informação que permita a análise da formação do resultado contabilístico, com o grau de detalhe determinado pelo órgão de gestão, podendo ser utilizada em empresas de qualquer sector de atividade.

É na contabilidade analítica que se faz a distribuição de custos por departamentos, produtos, serviços, atividades e centros. No entanto, há que distinguir contabilidade analítica de contabilidade de custos (ou contabilidade industrial), que é maioritariamente utilizada nas empresas industriais ao permitir analisar detalhadamente todos os aspectos dos custos nos processos de transformação das matérias-primas em produtos acabados. É, também, na contabilidade analítica que se registam as operações internas com o objetivo do apuramento de resultados não globais, isto é, por produto, por departamento ou por centro de responsabilidade.

TABELA 1.4. – CONTABILIDADE FINANCEIRA VS. CONTABILIDADE ANALÍTICA

	Contabilidade financeira	**Contabilidade analítica**
Utilizadores	Gestores. Sócios / Acionistas. Autoridade tributária. Credores / Fornecedores. Clientes. Colaboradores.	Gestores de todos os níveis.
Objetivo	Registos históricos passados. Demonstrações financeiras.	Auxiliar a tomada de decisão. Informações para apoiar o planeamento e controlo (futuro).
Frequência	Mensal, semestral, anual. Relatórios legais.	Diária, semanal, mensal. Relatórios configuráveis.
Nível do relatório	Global.	Diversos níveis operacionais.
Tipo de informação	Financeira.	Financeira e não financeira.
Objetivo do relatório	Prestação de contas: rigor.	Apoiar a gestão: utilidade.
Normas legais	SNC.	Não existem.

Fonte: Lima Santos et al. (2016).

5.2. Contabilidade analítica — ramo da contabilidade de gestão

A relação entre contabilidade analítica e contabilidade de gestão não é consensual entre os académicos e muitos estudiosos consideram que a contabilidade analítica é um ramo da contabilidade de gestão, a qual tem objetivos mais amplos e é aplicada a empresas de qualquer sector de atividade. Seguir este entendimento significa que, na ótica da gestão, a contabilidade será entendida como um sistema de informação que interpreta e regista os factos relativos à empresa com o objetivo de proporcionar informações, sob diversas formas — demonstrações, mapas, gráficos e relatórios —, que se destinam aos utilizadores internos, para apoiar a tomada de decisão, e aos utilizadores externos, para dar resposta às suas diversas necessidades. Por outras palavras, a contabilidade de gestão utiliza quer informações da contabilidade financeira quer informações da contabilidade analítica e, em termos práticos, assume como objetivo principal proporcionar e utilizar as informações de forma racional, a fim de planear, organizar, dirigir e controlar as operações empresariais.

5.3. Contabilidade de gestão — legado da contabilidade analítica

Não obstante a razoabilidade do suprarreferido, vários estudos consideram a contabilidade de gestão como sucessora da contabilidade analítica, confundindo-as. Ao seguir este entendimento, a referência à contabilidade analítica é atualizada para a contabilidade de gestão, a qual auxilia a gestão na tomada de decisões, o que inclui a interpretação e o registo dos factos relativos à empresa, de acordo com critérios internos da gestão, com o objetivo de apurar os resultados por bens e serviços ou por departamento, a partir da criação de centros de atividade ou de centros de responsabilidade aos quais são associados rendimentos e gastos, permitindo a elaboração de análises detalhadas. É a assunção da contabilidade com um horizonte temporal no futuro, apoiando as decisões relacionadas com o planeamento e o controlo e com a formulação e implementação da estratégia da empresa. E porque aborda questões de natureza exclusivamente interna de uma determinada empresa, é conhecida por contabilidade interna, significando que está organizada em função de critérios específicos para determinada empresa e que as informações produzidas na contabilidade de gestão são para utilização exclusiva dos utilizadores internos.

Portanto, a contabilidade de gestão está relacionada com as informações solicitadas pela gestão, proporcionando informações em qualquer momento e relativas a qualquer período de tempo.

6. Estudo de casos

Caso prático n.º 1

Responda às seguintes questões de escolha múltipla:

1. A contabilidade é um sistema de informação que:
   a) Identifica as necessidades dos utilizadores internos.
   b) Se destina exclusivamente aos utilizadores externos.
   d) Permite satisfazer as necessidades dos utilizadores.
   d) Serve os interesses dos órgãos de gestão interna.

2. No balanço, o ativo e o passivo são seriados, respetivamente:
   a) Por ordem crescente de liquidez e crescente de exigibilidade.
   b) Por ordem decrescente de liquidez e crescente de exigibilidade.
   c) Por ordem crescente de exigibilidade e decrescente de liquidez.
   d) Por ordem decrescente de exigibilidade e crescente de liquidez.

3. Na demonstração dos resultados por naturezas, a organização dos rendimentos e gastos permite obter:
   a) A margem bruta das vendas.
   b) As vendas e prestações de serviços por departamentos.
   c) O resultado por atividades operacionais, de investimento e de financiamento.
   d) O resultado antes de depreciações e amortizações, de gastos de financiamento e de impostos.

4. Na demonstração dos fluxos de caixa obtém-se:
   a) O resultado líquido na base do acréscimo.
   b) O resultado líquido das atividades operacionais, de investimento e de financiamento.
   c) A variação de caixa das atividades operacionais, de investimento e de financiamento.
   d) O resultado bruto na base de caixa.

5. Os utilizadores da contabilidade analítica são:
   a) Os acionistas.
   b) Os gestores.
   c) Os clientes.
   d) Os fornecedores.

6. A contabilidade analítica de uma empresa turística permite:
   a) O cálculo do custo dos produtos acabados em armazém.
   b) O cálculo do custo das vendas e dos serviços prestados na demonstração dos resultados por funções.
   c) O cálculo do passivo.
   d) Todas as respostas anteriores são falsas.

7. A qual das seguintes questões a contabilidade financeira não consegue dar resposta?
   a) Poderá a empresa solver as suas dívidas?
   b) A empresa dispõe de capitais próprios suficientes?
   c) A empresa oferece uma rendibilidade suficiente aos seus acionistas?
   d) Qual o custo por departamento da sua empresa?

8. Os relatórios da contabilidade analítica:
   a) São configuráveis.
   b) São normalizados.
   c) Estão na NCRF 18 do SNC.
   d) São rígidos.

Resolução:

1 c); 2 a); 3 d); 4 c); 5 b); 6 b); 7 d); 8 a).

7. Bibliografia relevante do capítulo

AHRESP. (2018). Restauração e Hotelaria e Turismo, caracterização do setor, HORECA. Disponível em https://ahresp.com/app/uploads/2019/01/CaracterizacaodoSetor2016.pdf

CNC [Comissão de Normalização Contabilística]. (2022). Sistema de Normalização Contabilística. Disponível em http://www.cnc.min-financas.pt/.

Cunha, L. (2022). *Turismo e Desenvolvimento, realidades e perspetivas.* Lidel.

Lima Santos, L. et al. (2016). *Contabilidade de Gestão Hoteleira.* ATF — Edições Técnicas.

Lima Santos, L. (2004). *Fluxos de caixa.* (3.ª edição). Vida Económica.

OCDE [OECD]. (2020). *OECD Tourism Trends and Policies 2020.* OECD Publishing. https://doi.org/10.1787/6b47b985-en.

Teixeira, S. (2011). *Gestão das Organizações.* (2.ª edição). Verlag Dashöfer.

WTTC. (2022). *Portugal 2022 Annual Research: Key Highlights.* https://wttc.org/Research/Economic-Impact/moduleId/704/itemId/186/controller/DownloadRequest/action/QuickDownload

CAPÍTULO II
OS GASTOS INDUSTRIAIS E NÃO INDUSTRIAIS

A contabilidade analítica permite uma análise económica dos dados da empresa, essencialmente ao nível dos gastos. Este capítulo visa, em primeiro lugar, clarificar a distinção entre os conceitos de gastos e de custos e, posteriormente, a compreensão dos diferentes tipos de gastos. A compreensão das diversas perspetivas na classificação dos gastos permite uma melhor gestão dos mesmos, ao tornar-se mais percetível as características de cada uma.

1. Os gastos industriais e não industriais

A compreensão do conceito de gastos, ou custos, é essencial para o cálculo dos custos que vão ser trabalhados neste ponto.

Contudo, alguns autores distinguem os dois termos. Nabais & Nabais (2016) definem de forma inequívoca a distinção entre ambos:

> **Gasto**
> Consumo de recursos pela entidade, nomeadamente no processo produtivo. Exemplos, o consumo da matéria-prima, da eletricidade ou das horas do pessoal operário.

E

> **Custo**
> Total dos gastos suportados ao longo da fabricação de determinado produto ou da prestação de um serviço. Por exemplo, o custo de produção de determinado produto.

Explicada a diferença, o cálculo do custo é o objetivo final da contabilidade de gestão, pelo que os termos custos e gastos irão ser usados de forma indiferenciada.

Como indicado anteriormente na análise do conceito de gastos, estes podem advir de três situações distintas:

- Exfluxos;
- Deperecimentos de ativos;
- Incorrência de passivos.

No caso da contabilidade de gestão, sendo uma contabilidade interna que apenas considera os custos reais, e não os contabilísticos, apenas serão considerados os dois primeiros: exfluxos, como no caso das matérias ou da eletricidade, por exemplo, e os deperecimentos de ativos, no caso concreto das depreciações de ativos.

Neste ponto pretende-se compreender os vários padrões de custos que podem existir numa empresa, quer seja produtiva, comercial, de serviços ou mista.

Uma vez que, tradicionalmente, se trata de uma contabilidade interna e que permite informações de grande valor para a gestão, comece-se por uma importante distinção de gastos:

Gastos industriais
Total dos custos suportados ao longo da fabricação de determinado bem. Inclui apenas os custos incorridos durante o processo de fabricação.

E:

Gastos não industriais
Total dos custos da empresa, com exceção dos custos industriais.

Naturalmente, esta distinção é mais premente nas empresas industriais. De facto, a contabilidade interna teve o seu início nestas empresas, em que era necessário calcular os custos de produção ao pormenor, no sentido de os reduzir ao máximo. A sobrevivência das empresas dependia efetivamente da eficácia no conhecimento e na redução dos custos.

Posteriormente, a terminologia usada foi-se adaptando a novas áreas de atividade. A diferença entre os custos industriais e não industriais é, assim, aplicável a custos da atividade e custos gerais da empresa, nas restantes áreas de atividade que não sejam industriais.

2. Os componentes do custo industrial

No cálculo dos custos industriais consideram-se três grandes componentes: as matérias-primas (MP), a mão-de-obra direta (MOD) e os gastos gerais de fabrico (GGF).

O cálculo do custo industrial pode ser efetuado com base em diferentes critérios, conforme serão apresentados ao longo do livro. Contudo, os componentes aqui expostos são sempre os elementos de base no cálculo do custo industrial.

Assim, os componentes do custo industrial são:

Matérias-Primas (MP)
Matérias essenciais à produção de determinado bem e que são consumidas na fabricação, sendo incorporadas no produto final.

Mão-de-obra Direta (MOD)
Custos com o pessoal fabril que trabalha diretamente na linha de produção, como por exemplo, remunerações, encargos sobre as remunerações, subsídios, seguros, etc.

Gastos Gerais de Fabrico (GGF)
Custos essenciais à produção, que não sejam matérias-primas nem mão-de-obra direta, que ocorrem única e exclusivamente na atividade produtiva, como por exemplo, depreciações dos equipamentos e das instalações, matérias subsidiárias, mão-de-obra indireta (remunerações e outros gastos das chefias fabris e do pessoal de limpeza), eletricidade, etc.

Os gastos são assumidos de forma diferenciada quando se trate de gastos não armazenáveis, por exemplo as remunerações dos funcionários, ou gastos armazenáveis, como sejam as matérias-primas.

No caso dos primeiros, é assumido o gasto em função do uso, normalmente do mês. Assim, por exemplo, no caso da eletricidade, assume-se o valor constante na fatura desse custo, reportado ao período respetivo.

No segundo caso, e quando se trata de inventários, ou seja, matérias armazenáveis que se encontram em armazém quando entram nas instalações da empresa, e que depois vão sendo gastas à medida da produção, há a questão da valorização na saída do armazém para a fábrica (Figura 2.1.).

FIGURA 2.1. – PERCURSO DAS MATÉRIAS-PRIMAS

Fonte: Elaboração própria.

Neste caso, as matérias podem ter sido adquiridas em lotes diferentes, e com custos diferentes, pelo que há que definir o método de custeio a usar nas saídas das matérias do armazém para a fábrica.

Estes custos não são apenas o seu custo de aquisição (fatura do fornecedor), mas também todos os custos incorridos para que se pudesse dar a sua entrada na fábrica, incluindo os custos de conversão. Assim, devem-se considerar no custo de compra o preço de compra, os direitos de importação e outros impostos que não sejam os subsequentemente recuperáveis das entidades fiscais pela entidade e custos de transporte, manuseamento e outros custos diretamente atribuíveis à aquisição de bens, de materiais e de serviços. Os descontos comerciais, abatimentos e outros itens semelhantes devem ser deduzidos na determinação dos custos de compra (Sistema de Normalização Contabilística, 2009, §11).

Por último, o valor do IVA não é considerado no custo da compra, uma vez que é recuperável pela empresa e, como tal, não constitui um gasto.

Exemplo:

Uma empresa comprou 1500 unidades da MP (matéria-prima) A, ao custo de 2,00 €/unidade (unid.). As despesas de transporte foram no montante de 250 € e o seguro foi de 1,5% do valor da fatura do fornecedor.

O custo total (CT) deste lote foi de:

CT = 1500 x 2,00 + 250 + (1500 x 2,00) x 1,5% = 3295 €

O custo de cada unidade foi de:

Custo unitário = $\frac{3295}{1500}$ = 2,20 €/unid.

Os métodos de custeio que são usados na valorização do consumo são:

- First in first out (FIFO) — pressupõe que os itens de inventário que foram comprados ou produzidos primeiro sejam consumidos ou vendidos em primeiro lugar e, consequentemente, que os itens que permaneçam em inventário no fim do período sejam os itens mais recentemente comprados ou produzidos.
- Custo médio ponderado (CMP) — o custo de cada item é determinado a partir da média ponderada do custo de itens semelhantes no início de um período e do custo de itens semelhantes comprados ou produzidos durante o período.
- Custo específico — quando são atribuídos custos específicos a elementos identificados de inventário. Este é o tratamento apropriado para os itens que sejam segregados para um projeto específico.

EXEMPLO:

Considere-se o seguinte movimento de determinada matéria-prima durante um mês:

Dia 1 — Existências iniciais: 9250 unid. a 11,30 €/unid.

Dia 6 — Compra de 5000 unid. a 11,35 €/unid. Despesas de transporte de 750 €.

Dia 10 — Consumo de 2500 unid.

Dia 15 — Compra de 6200 unid. a 11,40 €/unid. Despesas de transporte de 868 €.

Dia 22 — Consumo de 7200 unid.

Dia 29 — Consumo de 5400 unid.

Uma vez que o consumo desta matéria-prima não é para uso exclusivo de determinado produto da empresa, o critério do custo específico não é adequado. Poderão, desta forma, ser utilizados os critérios FIFO ou CMP.

Se for usado o critério FIFO:

Dia	Descrição	Lote	Entrada			Saída			Existência final		
			Q	VU	VT	Q	VU	VT	Q	VU	VT
1	Ei	1							9250	11,30	104 525
6		1							9250	11,30	104 525
	Compra	2	5000	11,50 (a)	57 500				5000	11,50	57 500
10	Consumo	1				2500	11,30	28 250	6750	11,30	76 275
		2							5000	11,50	57 500
15	Compra	1							6750	11,30	76 275
		2							5000	11,50	57 500
		3	6200	11,54 (b)	71 548				6200	11,54	71 548
22	Consumo	1				6750	11,30	76 275	---	---	---
	Consumo	2				450	11,50	5175	4550	11,50	52 325
		3							6200	11,54	71 548
29	Consumo	2				4550	11,50	52 325	---	---	---
	Consumo	3				850	11,54	9809	5350	11,54	61 739

(a) 5000 x 11,35 € + 750 € = 57 500; $\frac{57\,500}{5000}$ = 11,50 €

(b) 6200 x 11,40 € + 868 € = 71 548; $\frac{71\,548}{6200}$ = 11,54 €

Sendo:

- Ei — existência inicial;
- Q — quantidade;
- VU — valor unitário;
- VT — valor total.

Se for usado o critério CMP:

Dia	Descrição	Lote	Entrada			Saída			Existência final		
			Q	VU	VT	Q	VU	VT	Q	VU	VT
1	Ei	---							9250	11,30	104 525
6	Compra	---	5000	11,50 (a)	57 500				14 250	11,37	162 025
10	Consumo	---				2500	11,37	28 425	11 750	11,37	133 600
15	Compra	---	6200	11,54 (b)	71 548				17 950	11,43	205 148
22	Consumo	---				7200	11,43	82 296	10 750	11,43	122 852
29	Consumo	---				5400	11,43	61 722	5350	11,43	61 130

(a) 5000 x 11,35 + 750 € = 57 500; $\frac{57\,500}{5000}$ = 11,50 €

(b) $6200 \times 11{,}40 + 868\ € = 71\ 548; \dfrac{71\ 548}{6200} = 11{,}54\ €$

Sendo:

- Ei — existência inicial;
- Q — quantidade;
- VU — valor unitário;
- VT — valor total.

A valorização das MP a considerar na produção será diferente se for usado o FIFO ou o CMP. Considerando o exemplo apresentado: no FIFO, o consumo é de 28 250 € no dia 10, de 81 450 € no dia 22 e de 62 134 € no dia 29; no CMP o consumo é de 28 425 € no dia 10, de 82 296 € no dia 22 e de 61 722 € no dia 29.

As matérias usadas na produção são todos os bens adquiridos com o objetivo de:

- Serem transformados noutros produtos — matérias-primas.
- Serem incorporados noutros produtos, mas com valor relativamente pequeno — matérias subsidiárias.
- Servirem de apoio a essa transformação — matérias de consumo.
- Apoio à fábrica, mas que não entram na produção como, por exemplo, os detergentes usados na limpeza da fábrica — materiais diversos.

As matérias-primas fazem parte do grupo **Matérias-Primas** (MP), mas as restantes matérias constituem **Gastos Gerais de Fabrico** (GGF).

A mão-de-obra inclui todos os encargos com ordenados, salários, horas extraordinárias, prémios e incentivos, subsídios de férias e de Natal e encargos sociais obrigatórios (taxa social, seguros, acidentes de trabalho) e facultativos (refeitórios, creches, assistência médica, etc.).

Normalmente, acresce-se uma percentagem das remunerações a atribuir aos encargos com as remunerações, com base nos custos incorridos nesse mês.

$$\text{Encargos com MO} = \frac{\text{Total de encargos com MO}}{\text{Remunerações do período}}$$

EXEMPLO:

Determinada empresa teve gastos com as remunerações dos operários no montante mensal de 150 000 €. Suportou também 23,75% de encargos com a Segurança Social, 2% com o seguro de acidentes de trabalho e 32 500 € com o refeitório dos funcionários.

O gasto a assumir com a mão-de-obra deve então ser calculado, em média mensal, da seguinte forma:

- Remunerações anuais: 150 000 € x 11 = 1 650 000 €
- Mês de férias, subsídios de férias e de Natal: 3 x 150 000 € = 450 000 €
- Encargos com a Segurança Social: 150 000 € x 14 x 23,75% = 498 750 €
- Seguro de acidentes de trabalho: 150 000 € x 14 x 2% = 42 000 €
- Refeitório dos funcionários: 32 500 x 12 = 390 000 €

Então:

- Total dos encargos = 450 000 € + 498 750 € + 42 000 € + 390 000 € = 1 380 750 €

E:

- Encargos com MOD = $\frac{1\,380\,750\ €}{1\,650\,000\ €}$ = 83,6818%

Desta forma, as remunerações a afetar mensalmente, assumindo os 11 meses de trabalho, serão:

- MOD = 150 000 € x 1,836818 = 275 522,70 €

Nos custos industriais existem os seguintes grupos de mão-de-obra:

- Pessoal fabril diretamente afeto à produção (trabalhadores que estão física e diretamente envolvidos na produção ou na prestação de serviços, ou seja, os trabalhadores da linha de produção) — Mão-de-obra Direta.
- Pessoal da fábrica que apoia a produção (chefias, pessoal dos gabinetes de preparação do trabalho, técnicos de manutenção e outros, pessoal da limpeza, etc.) — Mão-de-obra Indireta.

A mão-de-obra direta faz parte do grupo **Mão-de-obra Direta** (MOD), mas os restantes custos constituem **Gastos Gerais de Fabrico** (GGF).

Os gastos gerais de fabrico englobam todos os custos que tiveram como destino a função de produção e que não são MP ou MOD como, por exemplo: combustíveis, lubrificantes, pequenas ferramentas, material de limpeza, mão-de-obra indireta, conservação e manutenção, água, eletricidade, rendas, seguros, depreciações, amortizações, etc.

Estes custos não têm relação direta com os produtos fabricados, ou com os serviços prestados, pelo que não é possível quantificar o gasto em cada um desses produtos ou serviços. Assim sendo, é necessário repartir os GGF em função de métodos de repartição dos custos indiretos.

3. Custos não industriais

A atividade produtiva da entidade não cumpre o objetivo da empresa de colocar os bens produzidos junto do público-alvo. Assim, temos os restantes departamentos da empresa: administrativos, de distribuição, financeiros, etc. Estes departamentos, não contribuindo diretamente para a produção, contribuem, contudo, para a continuidade da entidade, gerando os custos não industriais.

São considerados genericamente três grupos de custos não industriais:

Custos administrativos
São os custos dos departamentos administrativos, ou seja, custos associados à função administrativa da entidade e à Administração. Por exemplo: custos incorridos nos departamentos de recursos humanos, financeiro, de compras, informático, etc.

Custos de distribuição
São os custos suportados com a venda e distribuição dos produtos. Por exemplo, as depreciações dos veículos de distribuição, o gasóleo usado nesses veículos, as remunerações e outros custos com os vendedores ou funcionários do departamento comercial, etc.

Custos financeiros
São os custos relativos aos financiamentos obtidos pela entidade e sujeitos a encargos financeiros.

4. Gastos dos produtos e gastos dos períodos

Para efeitos de relato financeiro, com base no regime do acréscimo, é necessário:

- Proceder à valorização dos produtos fabricados armazenados e não vendidos e dos produtos e trabalhos em curso → **BALANÇO**
- Apurar o custo dos produtos vendidos ou dos serviços prestados para determinar o resultado do período → **DEMONSTRAÇÃO DOS RESULTADOS**

Assim, torna-se necessário distinguir os custos que vão ser afetos aos produtos e os custos que vão ser assumidos em cada período, normalmente ao mês.

Os custos dos produtos são os gastos relacionados com o produto, como por exemplo MP consumidas, MOD e GGF. São também considerados custos dos produtos as agregações destes custos, como o Custo Industrial do Produto (CIP) e o Custo Industrial do Produto Acabado (CIPA). Estes custos vão ser recuperados no momento da venda, tornando-se apenas nesse momento gastos do período. Até esse momento, são gastos inventariáveis, ou seja, associados aos produtos.

Os custos do período são os gastos relativos a toda a atividade exercida durante um determinado período, como os gastos não industriais, os gastos administrativos, financeiros e de distribuição. São os gastos suportados no período para a obtenção dos rendimentos e podem dizer ou não respeito ao processo de fabrico (gastos não incorporáveis), consoante o sistema de custeio utilizado. Incluem ainda os custos com os produtos acabados e vendidos nesse período (CIPV).

5. Custo total e custo unitário

Os custos podem ser analisados como custos totais (CT) ou como custos unitários (Cunit).

Os CT são a soma de todos os custos. Devem ser calculados em função do que se pretende analisar, ou seja, pelo total dos custos do mês, ou do produto, ou do serviço, ou de outro objeto de custo. Se forem calculados em termos unitários, ou seja, o custo de cada unidade do produto, são então os Cunit.

No cálculo dos custos industriais, podem-se calcular os custos totais (CIP, CIPA e CIPV) ou os custos unitários (CIPunit, CIPAunit e CIPVunit).

Assim, para calcular o custo industrial da produção (CIP), temos:

$$CIP = MP + MOD + GGF$$

Mas pode acontecer que nem toda a produção de determinado mês termine o período como produto acabado. Por outro lado, também pode haver produção iniciada no mês anterior que só seja terminada nesse mês. Então, se a entidade quiser saber o Custo Industrial dos Produtos Acabados (CIPA), ou seja, dos produtos que foram terminados nesse mês, temos:

$$CIPA = EIPvf + CIP - EfPvf$$

Sendo:

- CIPA — Custo Industrial dos Produtos Acabados;
- EiPvf — Existências iniciais de Produtos em vias de fabrico;
- CIP — Custo Industrial da Produção;
- EfPvf — Existências finais de Produtos em vias de fabrico.

Os produtos em vias de fabrico (Pvf), ou produtos em curso de fabrico, são as matérias ou produtos que ainda não sofreram todas as operações de transformação necessárias para serem considerados produtos acabados no final do mês. Estes produtos serão terminados no(s) mês(es) seguinte(s), sendo apenas nesse momento considerados produtos acabados.

Da mesma forma, pode acontecer que nem todos os produtos terminados em determinado mês sejam vendidos nesse período. E pode haver produtos já acabados no final do mês anterior, mas que só tenham sido vendidos nesse mês. Então, se a entidade quiser saber o Custo Industrial dos Produtos Vendidos (CIPV) nesse mês, independentemente de quando foram terminados, temos:

$$CIPV = EiPA + CIPA - EfPA$$

Sendo:

- CIPV — Custo Industrial dos Produtos Vendidos;
- EiPA — Existências iniciais de Produtos Acabados;
- CIPA — Custo Industrial dos Produtos Acabados;
- EfPA — Existências finais de Produtos Acabados.

O cálculo dos CT terá, naturalmente, de se adaptar ao objeto da entidade. Se não se tratar da produção de produtos mas sim da prestação de serviços, não fará sentido o cálculo do custo da produção, mas antes a soma dos custos associados à prestação desse serviço. Se o serviço tiver uma duração superior a um mês, esse custo será a soma dos custos incorridos ao longo dos meses em que o serviço esteve a ser prestado.

Por exemplo, o custo de uma turma numa escola secundária será a soma dos custos incorridos pelo funcionamento dessa turma ao longo do ano letivo.

Por outro lado, podemos querer calcular, como referido anteriormente, os custos unitários referentes a cada unidade de produto, a cada serviço, a cada cliente, etc.

Neste caso, e dependendo do processo de fabrico ou da prestação de serviços, podemos calcular os custos unitários:

- Dividindo os CT pelo número de unidades produzidas, se os produtos forem idênticos e no mesmo processo de fabrico;
- Somando os gastos de cada serviço, imputando os respetivos custos diretos e indiretos, se os serviços forem diferenciados uns dos outros;
- Somando os custos dos serviços prestados a determinado cliente ou utente, se for este o caso.

No caso dos custos industriais anteriormente explicados, temos os custos por unidade da seguinte forma:

$$\text{CIPunit} = \text{CIP} / \text{QP}$$

Sendo:

- CIPunit — CIP unitário;
- QP — quantidade produzida.

$$\text{CIPAunit} = \text{CIPA} / \text{QA}$$

Sendo:

- CIPAunit — CIPA unitário;
- QA — quantidade de produtos acabados.

$$\text{CIPVunit} = \text{CIPV} / \text{QV}$$

Sendo:

- CIPVunit — CIPV unitário;
- QV — quantidade de produtos vendidos.

6. Custo primo, custos de conversão, custo complexivo e custos económico-técnicos

A soma das MP com a MOD denomina-se Custo Primo. Esta soma é importante quando existem vários produtos em fabricação e os custos de MP e de MOD são diretos. Assim, apenas é necessário repartir os custos indiretos que serão, neste caso, os GGF.

Custo Primo = MP + MOD

A soma da MOD com os GGF designa-se custos de conversão ou de transformação. À semelhança do caso anterior, também é importante quando existem vários produtos em fabricação e apenas os custos de MP são diretos. Neste caso, os custos indiretos a repartir serão a MOD e os GGF, ou seja, os custos de conversão.

Custos de conversão ou custos de transformação = MOD + GGF

O custo complexivo engloba os custos industriais e os custos não industriais. Este é o preço de venda mínimo, ou seja, o preço de venda abaixo do qual a empresa tem prejuízo.

Custo complexivo = custos industriais + custos não industriais

Por último, o custo económico-técnico abarca, além do custo complexivo, os custos figurativos. Estes últimos correspondem à parte da remuneração do capital investido na empresa pelos sócios ou acionistas, assim como do prémio de risco decorrente da atividade da empresa. Este custo corresponde ao preço de venda normal, uma vez que, ademais da cobertura dos custos da empresa, inclui também o lucro que permite o pagamento dos dividendos aos sócios ou acionistas.

Custo económico-técnico = Custo complexivo + Custos figurativos

7. Custos incorporáveis e não incorporáveis

Os conceitos de custos incorporáveis e de custos não incorporáveis dizem respeito à afetação dos gastos aos produtos, serviços ou atividades ou, por outro lado, ao período a que respeitam.

Esta distinção é importante independentemente do sistema de custeio utilizado, uma vez que os gastos incorporáveis vão ser gastos do produto ou serviço, e os gastos não incorporáveis serão gastos do período.

Os custos incorporáveis incluem os custos do produto ou serviço, ou seja, são os gastos relacionados com esses produtos ou serviços, como por exemplo as MP, a MOD e os GGF.

Custos incorporáveis
São os custos imputáveis às atividades, funções, bens e serviços.

Os custos não incorporáveis, como o nome indica, não são incorporáveis nos custos dos produtos ou serviços, sendo sempre custos do período. Incluem os gastos relacionados com toda a atividade exercida durante um determinado período, por exemplo, os gastos administrativos, os gastos financeiros e os gastos de distribuição.

Custos não incorporáveis
São os custos que não se incluem nos custos das atividades, bens e serviços, levando-os diretamente aos resultados do exercício, como, por exemplo, os gastos não recorrentes, os gastos administrativos, os gastos comerciais e os gastos financeiros.

8. Estudo de casos

Caso prático n.º 1

Determinada empresa adquiriu 10 000 unidades do produto A. O orçamento inicial do fornecedor incluía 25 €/unidade, mas, dada a quantidade adquirida, fez um desconto de 1,5%. Os custos de transporte ascenderam a 350 €, e o seguro foi de 1,8% sobre a fatura do fornecedor.

Pretende-se o cálculo do custo de cada unidade (custo unitário).

Resolução:

Custo inicial do fornecedor: 10 000 x 25 € = 250 000 €
Desconto de quantidade: 250 000 € x 1,5% = 3750 €
Custo final do fornecedor: 250 000 € – 3750 € = 246 250 €
Custo de transporte: 350 €

Custo do seguro: 246 250 € x 0,8% = 1970 €

Custo total da compra: 246 250 € + 350 € + 1970 € = 248 570 €

Custo unitário: $\frac{248\,570\ €}{10\,000}$ = 24 857 €

Caso prático n.º 2

Determinada empresa teve gastos com as remunerações do pessoal no montante mensal de 500 000 €. Suportou também 23,75% de encargos com a Segurança Social e 1,8% com o seguro de acidentes de trabalho.

Pretende-se calcular o valor mensal a assumir com as remunerações.

Resolução:

Remunerações anuais: 500 000 € x 11 = 5 500 000 €

Férias, subsídios de férias e de Natal: 3 x 500 000 € = 1 500 000 €

Encargos com a Segurança Social: 500 000 € x 14 x 23,75% = 1 662 500 €

Seguro de acidentes de trabalho: 500 000 € x 14 x 1,8% = 126 000 €

Total dos encargos: 1 500 000 € + 1 662 500 € + 126 000 € = 3 288 500 €

Encargos com MOD: $\frac{3\,288\,500\ €}{5\,500\,000\ €}$ = 59,7909%

Então, as remunerações a afetar mensalmente serão: 500 000 € x 1,597909 = 798 954,50 €

Caso prático n.º 3

Considere o seguinte movimento da matéria-prima A durante um mês:

Dia 1 — Existências iniciais: 25 750 unid. a 8,50 €/unid.

Dia 7 — Consumo de 15 000 unid.

Dia 12 — Compra de 13 500 unid. a 8,70 €/unid. Despesas de transporte de 500 €.

Dia 18 — Consumo de 12 500 unid.

Dia 25 — Compra de 20 000 unid. a 9,00 €. Desconto comercial de 1,2%.

Pretende-se a elaboração da ficha de armazém pelos critérios:

1. FIFO
2. CMP

Resolução:

1. FIFO

Dia	Descrição	Lote	Entrada			Saída			Existência final		
			Q	VU	VT	Q	VU	VT	Q	VU	VT
1	Ei	1							25 750	8,50	218 875
7	Consumo	1				15 000	8,50	127 500	10 750	8,50	91 375
12		1							10 750	8,50	91 375
	Compra	2	13 500	8,74	117 990				13 500	8,74	117 990
18	Consumo	1				10 750	8,50	91 375	---	---	---
		2				1750	8,74	15 295	11 750	8,74	102 695
25		2							11 750	8,74	102 695
	Compra	3	20 000	8,89	177 800				20 000	8,89	177 800

2. CMP

Dia	Descrição	Lote	Entrada			Saída			Existência final		
			Q	VU	VT	Q	VU	VT	Q	VU	VT
1	Ei	---							25 750	8,50	218 875
7	Consumo	---				15 000	8,50	127 500	10 750	8,50	91 372
12	Compra	---	13 500	8,74	117 990				24 250	8,63	209 362
18	Consumo	---				12 500	8,63	107 875	11 750	8,63	101 487
25	Compra	---	20 000	8,89	177 800				31 750	8,80	279 287

Caso prático n.º 4

Determinada empresa dedica-se à produção de tintas para aviões. Relativamente ao mês de setembro, foram retirados da contabilidade os seguintes elementos (milhares de euros):

- Consumo de matérias-primas — 33 670.
- Salários dos operários fabris — 1500.
- Encargos sociais referentes a todas as remunerações — 60%.
- Depreciação do edifício e equipamento fabril (quota mensal) — 400.
- Eletricidade e água consumidas na produção — 125.
- Ordenados da administração e escritórios — 590.
- Ordenados dos vendedores — 800.
- Juros — 300.
- Custos de capital — 250.

- Existências no início do mês:
  - Produtos em vias de fabrico — 5000.
  - Produtos acabados — 9975.
- Existências no final do mês:
  - Produtos em vias de fabrico — 5600.
  - Produtos acabados — 12 470.

Pretende-se o cálculo de:

1. Custo industrial do produto (CIP).
2. Custo industrial dos produtos acabados (CIPA).
3. Custo industrial dos produtos vendidos (CIPV).
4. Custo primo.
5. Custo de conversão.
6. Custo complexivo.
7. Custo económico-técnico.

Resolução:

1. Custo industrial do produto (CIP):
   MP = 33 670
   MOD = 1500 x 1,6 = 2400
   GGF = 400 + 125 = 525
   CIP = 33 670 + 2400 + 525 = 36 595

2. Custo industrial dos produtos acabados (CIPA):
   CIPA = 5000 + 36 595 - 5600 = 35 995

3. Custo industrial dos produtos vendidos (CIPV):
   CIPV = 9975 + 35 995 - 12 470 = 33 500

4. Custo primo:
   Custo Primo = 33 670 + 2400 = 36 070

5. Custo de conversão:
   Custos de Conversão = 2400 + 525 = 2925

6. Custo complexivo:
   Custos não industriais = 590 x 1,6 + 800 x 1,6 + 300 = 2524
   Custo Complexivo = 36 595 + 2524 = 39 119

7. Custo económico-técnico:
   Custo Económico-Técnico = 39 119 + 250 = 39 369

9. Bibliografia relevante do capítulo

Caiado, A. P. (2012). *Contabilidade Analítica e de Gestão.* (7.ª edição). Áreas.

Martins, A. L. (2017). *Contabilidade de Gestão nas Administrações Públicas.* Rei dos Livros.

Nabais, C., & Nabais, F. (2016). *Prática de Contabilidade Analítica e de Gestão.* (1.ª edição). Lidel.

Saraiva, A., Rodrigues, A. I., Coimbra, C., Fantasia, M., & Nunes, R. (2018). *Contabilidade de Gestão.* Edições Almedina.

CAPÍTULO III
MÉTODOS DE CUSTEIO

Os métodos de custeio auxiliam na imputação dos diversos custos indiretos aos bens e serviços. Existem diversos métodos, que devem ser adequados à empresa e à respetiva produção. Os métodos a usar dependem do tipo de produção (direto, indireto ou misto), de a produção ser disjunta ou conjunta, da existência de produtos em vias de fabrico e da existência de produção defeituosa. Neste capítulo vão ser apresentados os métodos que são de aplicação mais corrente em cada uma destas circunstâncias.

1. Métodos direto, indireto e misto

No método direto, o produto é identificado ao longo de todo o processo de produção, bem como todos os consumos que utiliza. Este método é utilizado por empresas que trabalham por encomenda ou por ordens específicas de produção.

As principais características deste método são:

- O custo dos produtos acabados (obras, encomendas, etc.) são apurados por ordens de fabrico ou de produção.
- Para cada encomenda, abre-se uma ordem de produção e é preparada uma ficha de custo, onde se registam todos os custos.
- Concluída a obra, somam-se todos os custos, sendo esta soma o custo dos produtos acabados.

Exemplo:

Determinada empresa utiliza na valorização das saídas dos inventários o critério do custo médio ponderado do mês.

Durante o mês foram concluídas duas Ordens de Fabrico (OF 124 e 126), das três OF iniciadas nesse mês, que tiveram os seguintes consumos de MP:

OF	**Quantidade — Kg**	
	MP A	MP B
124	8000	---
126	3000	---
128	---	5000

Outras informações sobre o movimento de MP:

	MP A		**MP B**	
	Kg	**€**	**Kg**	**€**
Ei	3600	2198,40	1800	1099,20
Compras	10 000	6152,00	5000	3144,00

Os GGF do mês atingiram o montante de 5850 € e são repartidos em função da MOD.

Quanto à MOD, as OF 124, 126 e 128 apresentaram um valor de 4320 €, 2880 € e 2550 €, respetivamente.

Comecemos por proceder à imputação dos custos indiretos, neste caso, os GGF:

	OF 124	OF 126	OF 128	Total
MOD	4320	2880	2550	9750
GGF	2592 (1)	1728 (2)	1530 (3)	5850

Coeficiente de imputação: $\frac{5850}{9750} = 0,6$

Então: (1) 4320 x 0,6 = 2592

(2) 2880 x 0,6 = 1728

(3) 2550 x 0,6 = 1530

Após a repartição dos custos indiretos, calculam-se os restantes componentes dos custos industriais:

	OF 124	OF 126	OF 128
MP A	4912 (1)	1842 (2)	---
MP B	---	---	5200 (3)
MOD	4320	2880	2550
GGF	2592	1728	1530
CIP	11 824	6450	9280
EiPvf	---	---	---
EfPvf	---	---	9280
CIPA	11 824	6450	---

Para o cálculo das MP:

$$\text{CMP (MP A)} = \frac{2198{,}40 + 6152{,}00}{3600 + 10\,000} = 0{,}614$$

Então: (1) 8000 x 0,614 = 4912

(2) 3000 x 0,614 = 1842

$$\text{CMP (MP B)} = \frac{1099{,}20 + 3144{,}00}{2550 + 1530} = 1{,}04$$

Então: (3) 5000 x 1,04 = 5200

No método indireto acumulam-se mensalmente, por produtos ou por departamentos, os custos mensais. Este método permite apurar o custo médio por produtos ou por unidade de produto e utiliza-se essencialmente nas empresas com produção contínua e uniforme de um produto.

As principais características deste método são:

- O custo total é o resultado do somatório do custo das várias fases.
- O custo industrial é apurado por produto.
- O produto fabricado é homogéneo, o que permite calcular o custo unitário.
- O custo total surge com o fim do período contabilístico, normalmente o mês.

Para repartir os custos indiretos pelos objetos de custo, pode-se recorrer a uma metodologia de imputação sistemática, muitas vezes designada por método tradicional. Neste método, a imputação dos custos pode ser de base única ou de base múltipla. Os critérios de imputação, também designados por bases de imputação ou unidades de imputação, mais usuais são em função do número ou do valor da MOD, das quantidades produzidas, do valor das matérias-primas consumidas. Estes critérios devem ser ajustados às características da produção.

No método de imputação de base única, aplica-se um único critério para a repartição da totalidade dos custos indiretos.

Exemplo:

A empresa ABC, Lda. dedica-se ao fabrico de dois produtos: A e B.

Relativamente a setembro, obtiveram-se os seguintes dados:

Produtos	A	B
Produção	2000 unid.	1500 unid.
Vendas	1800 unid.	1450 unid.
Preço de venda unitário	700 €	950 €
EiPvf	70 000 €	35 000 €
EfPvf	56 000 €	23 000 €
EiPA	130 unidades a 470 €/unid.	120 unidades a 720 €/unid.
EfPA	90 unid.	110 unid.
MP	100 €/unid.	150 €/unid.
MOD	10 horas/unid. a 25 €/hora	15 horas/unid. a 25 €/hora
GGF	510 000 €	

A empresa utiliza na valorização das saídas dos inventários o critério FIFO e os GGF são imputados em função do número de horas de MOD.

Os custos não industriais foram os seguintes:

- Custos administrativos — 10 000 €.
- Custos de distribuição — 12 500 €.
- Custos financeiros — 1300 €.

Comecemos por calcular os custos industriais de cada produto:

Produtos	A	B
MP	200 000 (1)	225 000 (2)
MOD	500 000 (3)	562 500 (4)
GGF	240 000 (5)	270 000 (6)
CIP	940 000 (7)	1 057 500 (8)
EiPvf	70 000 €	35 000 €
EfPVF	56 000 €	23 000 €
CIPA	954 000 (9)	1 069 500 (10)
EiPA	61 100 (11)	86 400 (12)
EfPA	48 784,50 (13)	81 698,10 (14)
CIPV	966 315,50 (15)	1 074 201,90 (16)

(1) 2000 x 100

(2) 1500 x 150

(3) 2000 x 10 x 25

(4) 1500 x 15 x 25

(5) $\frac{510\ 000}{2000 \times 10 + 1500 \times 15} \times 2000 \times 10$

(6) $\frac{510\ 000}{2000 \times 10 + 1500 \times 15} \times 1500 \times 15$

(7) 200 000 + 500 000 + 240 000

(8) 225 000 + 562 500 + 270 000

(9) 70 000 + 940 000 – 56 000

(11) 130 x 470

(13) 1800 = 130 + QA – 90

QA = 1760

$$CIPAunit = \frac{954\,000}{1760} = 542{,}05$$

EfPA = 90 x 542,05

(15) 61 100 + 954 000 – 48 784,5

(10) 35 000 + 1 057 500 – 23 000

(12) 120 x 720

(14) 1450 = 120 + QA – 110

QA = 1440

$$CIPAunit = \frac{1\,069\,500}{1440} = 742{,}71$$

EfPA = 110 x 742,71

(16) 86 400 + 1 069 500 – 81 698,10

Podemos assim construir a demonstração dos resultados:

(em euros)	A	B	Total
Vendas	1 260 000 (1)	1 377 500 (2)	2 637 500
CIPV	966 315,50	1 074 201,90	2 040 517,40
Margem Bruta	293 684,50 (3)	303 298,10 (4)	596 982,60
Custos não industriais:			
Custos Administrativos			10 000
Custos comerciais			12 500
Custos financeiros			1300
RAI			573 182,60 (5)

(1) 1800 x 700

(2) 1450 x 950

(3) 1 260 000 – 966 315,50

(4) 1 388 500 – 1 074 201,90

(5) 696 982,60 – 10 000 – 12 500 – 1300

No método de imputação de base múltipla, utilizam-se critérios diversificados para a repartição dos diferentes custos indiretos pelos diferentes objetos de custo.

EXEMPLO:

Usando o exemplo anterior, mas com a seguinte repartição dos GGF:

- GGF (1.ª fase) — 300 000 €, com base de imputação do valor da MOD.
- GGF (2.ª fase) — 210 000 €, com base de imputação do valor da MP.

Temos então os custos industriais de cada produto:

Produtos	A	B
MP	200 000	225 000
MOD	500 000	562 500
GGF	240 000 (1)	270 000 (2)
CIP	940 000	1 057 500
EiPvf	70 000 €	35 000 €
EfPVF	56 000 €	23 000 €
CIPA	954 000	1 069 500
EiPA	61 100	86 400
EfPA	48 784,50 (3)	81 698,10 (4)
CIPV	966 315,50	1 074 201,90

(1) $GGF\ (1) = \frac{300\,000}{500\,000 + 562\,500} \times 500\,000$

$GGF\ (2) = \frac{210\,000}{200\,000 + 225\,000} \times 200\,000$

$GGF = 141\,176{,}47 + 98\,823{,}53$

(2) $GGF\ (1) = \frac{300\,000}{500\,000 + 562\,500} \times 562\,500$

$GGF\ (2) = \frac{210\,000}{200\,000 + 225\,000} \times 225\,000$

$GGF = 158\,823{,}53 + 111\,176{,}47$

(3) $1\,800 = 130 + QA - 90$

$QA = 1760$

$CIPAunit = \frac{954\,000}{1760} = 542{,}05$

$EfPA = 90 \times 542{,}05$

(4) $1\,450 = 120 + QA - 110$

$QA = 1440$

$CIPAunit = \frac{1\,069\,500}{1440} = 742{,}71$

$EfPA = 110 \times 742{,}71$

Construímos assim a demonstração dos resultados:

(em euros)	A	B	Total
Vendas	1 260 000	1 377 500	2 637 500
CIPV	966 315,50	1 074 201,90	2 040 517,40
Margem Bruta	293 684,50	303 298,10	596 982,60
Custos não industriais:			
Custos Administrativos			10 000
Custos comerciais			12 500
Custos financeiros			1300
RAI			573 182,60

O método misto aplica-se nas empresas que utilizam, no seu processo produtivo, os métodos direto e indireto em momentos diferentes. Por exemplo, quando a empresa produz um produto geral que depois é integrado numa encomenda de acordo com as especificações do cliente.

2. Produção disjunta e produção conjunta

Consoante a empresa transforme os seus produtos em linhas de produção diferentes ou parcialmente nas mesmas, podemos ter dois métodos de produção: produção disjunta e produção conjunta.

Na produção disjunta, cada produto tem a sua própria linha de produção, não se utilizando em nenhuma das fases de fabrico linhas de produção comuns. Determinada(s) matéria(s)-prima(s) é(são) trabalhada(s) de forma continua e independente até se obter o produto acabado final. Podemos ver um exemplo na Figura 2.1.

FIGURA 2.1. - PRODUÇÃO DISJUNTA

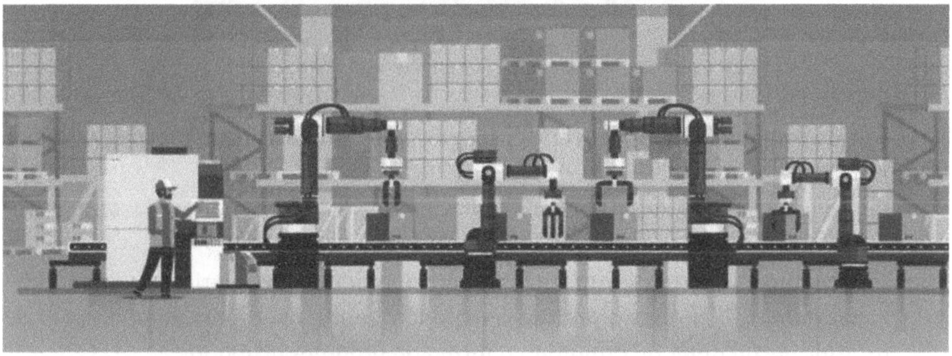

Fonte: *https://stock.adobe.com/* — Sem direitos reservados.

Neste tipo de produção, os custos de produção podem ser calculados através do método misto. Os custos da linha de fabrico imputam-se diretamente aos respetivos produtos, e os gastos gerais da fábrica repartem-se pela produção total da fábrica em função de bases de imputação adequadas. Temos como exemplo dos primeiros as matérias-primas e dos segundos a eletricidade gasta na fábrica.

Por outro lado, há produção conjunta quando, ao proceder à transformação de uma ou diversas matérias-primas, se obtêm, em simultâneo, diversos produtos. Ou seja, existe uma primeira linha de produção que transforma a matéria-prima numa primeira fase, mas depois os produtos obtidos seguem para linhas de fabrico diferenciadas. A Figura 2.2. apresenta um exemplo simplificado desta metodologia de produção.

FIGURA 2.2. - PRODUÇÃO CONJUNTA

Fonte: *https://stock.adobe.com/* — Sem direitos reservados.

Na produção conjunta obtêm-se diversos produtos, com critérios de imputação dos custos diferenciados:

- Coprodutos ou produtos principais — produtos de valor superior aos restantes produtos obtidos na mesma fabricação;
- Subprodutos — produtos com valor comercial nitidamente inferior aos restantes;
- Semiprodutos — produtos obtidos que podem ainda necessitar de operações de transformação antes de atingirem a forma de produtos acabados;
- Resíduos — subprodutos sem valor comercial.

Na determinação dos custos a imputar aos diversos produtos, consideram-se em primeiro lugar a afetação aos subprodutos. Para estes, existem dois critérios:

- Custo nulo — neste critério, os coprodutos suportam a totalidade dos custos conjuntos. Assim, o subproduto apresenta um custo industrial igual a zero. As vendas são consideradas na demonstração dos resultados, apresentando uma margem bruta positiva.
- Lucro nulo — o montante dos custos conjuntos imputados ao subproduto é igual ao seu valor de venda deduzido dos custos específicos industriais e não industriais que lhe estão associados. Deste modo, o subproduto apresenta uma margem bruta nula.

Em qualquer dos critérios tem-se:

Custos conjuntos a repartir pelos coprodutos = Custos conjuntos totais – Custos afetos aos subprodutos

No caso do critério do custo nulo:

Custos conjuntos a repartir pelos coprodutos = Custos conjuntos totais – 0 = Custos conjuntos

EXEMPLO:

Considere-se uma empresa que produz dois coprodutos, A e B, e um subproduto, S. Os custos conjuntos totais de determinado mês foram de 8000 €. A empresa adota o critério do custo nulo para os subprodutos.

Então:

Custos conjuntos a repartir pelos coprodutos = 8000 € – 0 = 8000 €

No caso do critério do lucro nulo:

Custo industrial do subproduto = Vendas – Custos específicos industriais – Custos específicos não industriais

EXEMPLO:

Considere-se uma empresa que produz dois coprodutos, A e B, e um subproduto, S. Os custos conjuntos de determinado mês foram de 8000 €, as vendas de S foram de 1200 € e os custos não industriais de S foram de 500 €. A empresa adota o critério do lucro nulo para os subprodutos.

Então:

Custos industriais de S = 1200 € – 500 € = 700 €

Custos conjuntos a repartir pelos coprodutos = 8000 € – 700 € = 7300 €

Após o cálculo dos custos a afetar aos subprodutos, e consequentemente do valor que se irá imputar aos coprodutos, aplicam-se então os critérios de repartição destes custos pelos coprodutos:

- Custo unitário médio — neste critério os custos a afetar aos coprodutos repartem-se em função da quantidade produzida.

- Valor de venda relativo — neste critério os custos a afetar aos coprodutos repartem-se em função do valor de venda dos produtos fabricados.
- Valor de venda relativo no ponto de separação — neste critério os custos a afetar aos coprodutos repartem-se em função do valor da venda dos produtos fabricados, mas deduzidos dos custos específicos.

Qualquer um destes critérios tem limitações e aplicações mais adequadas, como se pode ver na Tabela 2.1.

TABELA 2.1. - CRITÉRIOS DE REPARTIÇÃO DOS CUSTOS CONJUNTOS PELOS COPRODUTOS

Critérios	Vantagens e Aplicações	Limitações
Custo unitário médio	• Simples de aplicar. • Aplica-se quando os preços de venda dos vários produtos são iguais ou aproximados.	• Produtos com unidades físicas diferentes. • Pode distorcer as margens comerciais, pois não atende aos preços de venda dos produtos.
Valor de venda relativo	• Unidades de produção não comparáveis. • Valores comerciais dos produtos bastante diferentes entre si.	• Não existido custos específicos, mas havendo preços de venda diferentes, as margens brutas percentuais são idênticas.
Valor de venda relativo no ponto de separação	• Quando há custos específicos, industriais e não industriais, para além do ponto de separação.	---

Exemplo do critério do custo unitário médio:

Considerem-se as seguintes informações relativas a um mês de determinada empresa:

- Custos conjuntos a repartir:
  - MP — 12 000 €.
  - MOD — 2800 €.
  - GGF — 4400 €.
- Custos específicos:
  - Secção X (Produto A) — 5000 €.
  - Secção Y (Produto B) — 7500 €.
- Produção:
  - Produto A — 100 t.
  - Produto B — 500 t.
  - Produto C — 360 t.

Seguindo as notas explicativas, são então calculados o CIP e o CIPunit de cada coproduto:

Produtos	QP	%	Custos Conjuntos	Custos Específicos	CIP	CIPunit
A	100	10,42 (1)	2000,64 (5)	5000	7000,64 (8)	70,01 (11)
B	500	52,08 (2)	9999,36 (6)	7500	17 499,36 (9)	35,00 (12)
C	360	37,50 (3)	7200 (7)	0	7200 (10)	20,00 (13)
	960		19 200 (4)			

(1) $\frac{100}{960}$

(2) $\frac{500}{960}$

(3) $\frac{360}{960}$

(4) 12 000 + 2800 + 4400

(5) 19 200 x 10,42%

(6) 19 200 x 52,08%

(7) 19 200 x 37,50%

(8) 2000,64 + 5000

(9) 9999,36 + 7500

(10) 7200 + 0

(11) $\frac{7000,64}{100}$

(12) $\frac{7499,36}{500}$

(13) $\frac{7200}{360}$

Exemplo do critério do valor de venda relativo:

Considerem-se as informações do exemplo anterior e as relativas às vendas:

- Preços de venda:
  - Produto A — 85 €/t.
  - Produto B — 42 €/t.
  - Produto C — 35 €/t.

Seguindo as notas explicativas, são então calculados o CIP e o CIPunit de cada coproduto:

Produtos	QP	PV	VVR	%	Custos Conjuntos	Custos Específicos	CIP	CIPunit
A	100	85	8500 (1)	20,19 (5)	3876,48 (9)	5000	8876,48 (12)	88,76 (15)
B	500	42	21 000 (2)	49,88 (6)	9576,96 (10)	7500	17 076,96 (13)	34,15 (16)
C	360	35	12 600 (3)	29,93 (7)	5746,56 (11)	0	5746,56 (14)	15,96 (17)
			42 100 (4)		19 200 (8)			

(1) 100 x 85

(2) 500 x 42

(3) 360 x 35

(10) 19 200 x 49,88%

(11) 19 200 x 29,93%

(12) 3876,48 + 5000

(4) 8500 + 21 000 + 12 600

(5) $\frac{8500}{42\,100}$

(6) $\frac{21\,000}{42\,100}$

(7) $\frac{12\,600}{42\,100}$

(8) 12 000 + 2800 + 4400

(9) 19 200 x 20,19%

(13) 9576,96 + 7500

(14) 5746,56 + 0

(15) $\frac{8876,48}{100}$

(16) $\frac{17\,076,96}{500}$

(17) $\frac{5746,56}{360}$

Exemplo do critério do valor de venda relativo no ponto de separação:

Considerem-se as informações dos exemplos anteriores.

Seguindo as notas explicativas, são então calculados o CIP e o CIPunit de cada coproduto:

Produtos	QP	PV	VVR	Custos Específicos	VVRPS	%	Custos Conjuntos	CIP	CIPunit
A	100	85	8500 (1)	5000	3500 (4)	11,82 (8)	2269,44 (12)	7269,44 (15)	72,69 (18)
B	500	42	21 000 (2)	7500	13 500 (5)	45,61 (9)	8757,12 (13)	16 257,12 (16)	32,51 (19)
C	360	35	12 600 (3)	0	12 600 (6)	42,57 (10)	8173,44 (14)	8173,44 (17)	22,70 (20)
					29 600 (7)		19 200 (11)		

(1) 100 x 85

(2) 500 x 42

(3) 360 x 35

(4) 8500 − 5000

(5) 21 000 − 7500

(6) 12 600 − 0

(7) 3500 + 13 500 + 12 600

(8) $\frac{3500}{29\,600}$

(9) $\frac{13\,500}{29\,600}$

(10) $\frac{12\,600}{29\,600}$

(11) 12 000 + 2800 + 4400

(12) 19 200 x 11,82%

(13) 19 200 x 45,61%

(14) 19 200 x 42,57%

(15) 2269,44 + 3500

(16) 8757,12 + 7500

(17) 8173,44 + 0

(18) $\frac{7269,44}{100}$

(19) $\frac{16\,257,12}{500}$

(20) $\frac{8173,44}{360}$

3. Valorimetria dos produtos em vias de fabrico

O cálculo do CIPA pressupõe, como já foi visto, a valorização dos produtos em vias de fabrico finais.

$$CIPA = EiPvf + CIP - EfPvf$$

No caso dos EiPvf, a valorização transita do mês anterior, pelo que é um valor que já está calculado anteriormente. Com os custos do mês, é calculado o CIP.

$$CIP = MP + MOD + GGF$$

Por último, a valorização dos EfPvf é efetuada através do método das unidades equivalentes.

A valorização do EfPvf por este método implica que é necessário saber:

- A quantidade do produto em vias de fabrico;
- O grau de acabamento (em %) em cada fase.

O critério de valorimetria, FIFO ou CMP, também obriga a apuramentos de custos diferenciados. Assim:

- No FIFO, as EfPvf são valorizadas ao custo da Pe, uma vez que são as últimas a ficar em armazém:

$$CIPA = EiPvf + CIP - EfPvf$$

e:

$$CIPAunit = \frac{CIPA}{PA}$$

- No CMP, as EfPvf são valorizadas pelo custo médio ponderado:

$$CMP = \frac{EiPvf\,(€) + CIP}{EiPvf\,(UE) + Pe} = CIPAunit$$

e:

$$CIPA = PA \times CIPAunit$$

Exemplo:

A empresa Fogões, Lda. dispõe de uma linha de montagem de fogões. No final do mês passado, ficaram em linha de montagem 30 fogões que já tinham incorporados os seguintes gastos:

- MP — 70%.
- CT:
  - 1.ª fase — 40%.
  - 2.ª fase — 40%.

A correspondente valorização foi a seguinte:

- MP — 5 100 €.
- CT:
  - 1.ª fase — 610 €.
  - 2.ª fase — 750 €.

Os custos incorporados no mês foram os seguintes:

- MP — 295 500 €.
- CT:
  - 1.ª fase — 63 400 €.
  - 2.ª fase — 66 500 €.

Durante o mês foram terminados 1200 fogões e ficaram em linha de montagem 60 fogões, com as seguintes percentagens de acabamento:

- MP — 60%.
- CT:
  - 1.ª fase — 50%.
  - 2.ª fase — 60%.

Pretende-se o apuramento do CIPA.

1.º passo — calcular a produção efetiva (Pe), através das unidades equivalentes (UE) do produto acabado:

Pe = PA + EfPvf − EiPvf

	UF	Matérias		CT — 1.ª fase		CT — 2.ª fase	
		Grau acabamento	UE	Grau acabamento	UE	Grau acabamento	UE
PA	1200	100	1200 (1)	100	1200 (5)	100	1200 (9)
EfPvf	60	60	36 (2)	50	30 (6)	60	36 (10)
EiPvf	30	70	21 (3)	40	12 (7)	40	12 (11)
Pe			1215 (4)		1218 (8)		1224 (12)

(1) 1200 x 100%
(2) 60 x 60%
(3) 30 x 70%
(4) 1200 + 36 – 21
(5) 1200 x 100%
(6) 60 x 50%
(7) 30 x 40%
(8) 1200 + 30 – 12
(9) 1200 x 100%
(10) 60 x 60%
(11) 30 x 40%
(12) 1200 + 36 – 12

2.º passo — calcular o custo unitário do mês da Pe:

	Valor do mês	Pe	Custo unitário
Matérias	295 500	1215	243,21 (1)
CT — 1.ª fase	63 400	1218	52,05 (2)
CT — 2.ª fase	66 500	1224	54,33 (3)
Total			349,59 (4)

(1) $\frac{295\,500}{1215}$

(2) $\frac{63\,400}{1218}$

(3) $\frac{66\,500}{1224}$

(4) 243,21 + 52,05 + 54,33

3.º passo — valorizar as EfPvf tendo em conta o critério de valorimetria:

- No critério FIFO:

  EfPvf = 36 x 243,21 + 30 x 52,05 + 36 x 54,33 = 12 272,94 €

  CIPA = 6460 + 425 400 – 12 272,94 = 419 587,06 €

  CIPAunit = 419 587,06 / 1200 = 349,66 €

- No critério CMP:

  $MP = \frac{5100 + 295\,500}{21 + 1215} = 243,20$

  $CT\ 1^a\ fase = \frac{610 + 63\,400}{12 + 1218} = 52,04$

  $CT\ 2^a\ fase = \frac{750 + 66\,500}{12 + 1224} = 54,41$

  CIPAunit = 243,20 + 52,04 + 54,41 = 349,65

  CIPA = 1200 x 349,65 = 419 580

4. Valorização da produção defeituosa

Em qualquer que seja o regime de fabrico de uma empresa, apesar das especificações técnicas existentes e padrões de qualidade, há sempre a possibilidade de nem todos os produtos respeitarem na integra estas especificações ou padrões. A estas unidades, que não cumprem rigorosamente as especificações que deveriam seguir, chama-se produção defeituosa.

Cada vez mais as empresas investem na prevenção e deteção atempada destas unidades, através dos chamados pontos de controlo. A melhoria da qualidade dos produtos e a tomada de medidas corretivas são objetivos, mas a redução de custos também é um fator importante para qualquer empresa. Assim, quanto mais cedo no processo produtivo se detetar a produção defeituosa, menos custos a empresa terá com a incorporação de custos num produto que já se sabe que não terá no final o mesmo valor que os restantes.

No entanto, a produção defeituosa dificilmente será eliminada na totalidade, pelo que é necessário o tratamento contabilístico correto desta realidade, apurando-se adequadamente os custos que a empresa teve com esta produção.

Existem genericamente duas situações de produção defeituosa:

- Produção defeituosa normal — é a produção defeituosa obtida dentro dos padrões normais, ou seja, que a empresa considera aceitável perante o processo produtivo existente. Neste caso, os custos devem ser suportados pela produção boa.
- Produção defeituosa anormal — é a produção defeituosa obtida acima dos padrões normais e que resulta de circunstâncias acidentais. Neste caso, a parte dos custos com a produção defeituosa normal deve ser assumida pela produção boa, mas o restante, acima dos padrões normais, é considerado como resultados acidentais.

Os custos da produção defeituosa normal devem ser imputados à produção boa, uma vez que faz parte do processo normal de fabrico. Contudo, a produção acabada não deve ser sobrecarregada com custos de produção dos produtos defeituosos obtidos acima dos padrões normais, devendo estes custos ser considerados como custo do mês, na rubrica de resultados acidentais.

Para que o cálculo dos custos a assumir seja rigoroso, cada empresa deve identificar a percentagem de unidades com defeito que se deve considerar como produção defeituosa normal, face ao total da produção, tendo em conta as características do processo produtivo. Por outro lado, também é de considerar no cálculo desse custo, o facto de a produção defeituosa ainda ter mercado, ou ser totalmente inutilizada. Assim, podem-se distinguir as seguintes situações:

- Produção defeituosa inutilizável — quando a produção defeituosa não tem valor de mercado, e, por este motivo, independentemente dos custos lhe foram imputados, a empresa não consegue recuperar nada.
- Produção defeituosa utilizável — quando a produção defeituosa ainda tem algum valor de mercado, mesmo que bastante inferior à produção sem defeito, ou quando pode ser reutilizada internamente em substituição de matéria-prima ou de outras matérias usadas na produção.

Tendo em conta as classificações identificadas, é possível identificar quatro situações diferentes, levando a incorporações diferenciadas dos respetivos custos. Para uma melhor compreensão das diferenças, e respetivos tratamentos dos custos, serão apresentadas as quatro hipóteses como exemplos do mesmo caso prático de base:

- 1.ª Hipótese — a produção defeituosa está toda dentro dos padrões normais e é inutilizável;
- 2.ª Hipótese — a produção defeituosa está toda dentro dos padrões normais e é utilizável;
- 3.ª Hipótese — parte da produção defeituosa não está dentro dos padrões normais e é inutilizável;
- 4.ª Hipótese — parte da produção defeituosa não está dentro dos padrões normais e é utilizável.

EXEMPLO:

A empresa fabrica peças Modelo ABC, sendo normal obter-se uma quebra de 5% do número de peças boas.

Com vista a satisfazer uma encomenda, a empresa produziu 1000 peças, o que originou os seguintes custos:

- MP — 235 581 €.
- Custos de Transformação — 147 860 €.
- CT — 383 441 €.

EXEMPLO 1.ª HIPÓTESE:

À saída da fábrica foram contadas 960 peças boas, sendo que 40 tinham defeito. As peças com defeito não tinham valor de mercado, nem podiam ser reaproveitadas para a produção.

Neste caso:

1000 x 5% = 50 peças

40 < 50, logo, a produção defeituosa está dentro dos padrões normais.

Então:

CIP = 383 441 €

CIPunit = $\frac{383\ 441}{960}$ = 399,42 €

Neste caso, as peças boas tinham um custo unitário de produção de 399,42 € e às peças defeituosas não era imputado qualquer custo.

EXEMPLO 2.ª HIPÓTESE:

À saída da fábrica foram contadas 960 peças boas, sendo que 40 tinham defeito. As peças defeituosas tinham valor unitário para sucata de 120 €.

Neste caso:

1000 x 5% = 50 peças

40 < 50, logo, a produção defeituosa está dentro dos padrões normais.

No entanto, as peças defeituosas são vendáveis, pelo que:

CIP = 383 441 – 40 x 120 = 378 641 €

CIPunit = 378 641 / 960 = 394,42 €

Neste caso, as peças boas tinham um custo unitário de produção de 394,42 € e as peças defeituosas tinham um custo unitário de 120 €.

EXEMPLO 3.ª HIPÓTESE:

À saída da fábrica foram contadas 905 peças boas, sendo que 95 tinham defeito. As peças com defeito não tinham valor de mercado, nem podiam ser reaproveitadas para a produção.

Neste caso:

1000 x 5% = 50 peças

95 > 50, logo, a produção defeituosa está acima dos padrões normais.

Então:

Dentro dos padrões normais = 1000 x 5% = 50 peças

Acima dos padrões normais = 95 – 50 = 45 peças

Custo de produção = 383 441 €

Custo unit. = 383 441 / 1000 = 383,44 €

E o cálculo dos custos das peças será:
CIP (peças boas) = (905 + 50) x 383,44 = 366 185,20 €
CIPunit (peças boas) = 366 185,20 / 905 = 404,62 €
Resultados acidentais = 45 x 383,44 = 17 254,80 €

Neste caso, as peças boas tinham um custo unitário de produção de 404,62 €, as peças defeituosas normais não tinham custo de produção associado e a empresa assumia custos acidentais de 17 254,80 € na demonstração dos resultados.

EXEMPLO 4.ª HIPÓTESE:

À saída da fábrica foram contadas 905 peças boas, sendo que 95 tinham defeito. As peças defeituosas tinham valor unitário para sucata de 120 €.

Neste caso:
1000 x 5% = 50 peças
95 > 50, logo, a produção defeituosa está acima dos padrões normais.

Então:
Dentro dos padrões normais = 1000 x 5% = 50 peças
Acima dos padrões normais = 95 − 50 = 45 peças
Custo de produção = 383 441 − 95 x 120 = 372 041 €
Custo unit. = $\frac{372\ 041}{1000}$ = 372,04 €
E o cálculo dos custos das peças será:
CIP (peças boas) = (905 + 50) x 372,04 = 355 298,20 €
CIPunit (peças boas) = $\frac{355\ 298{,}20}{905}$ = 392,59 €
Resultados acidentais = 45 x 372,04 = 16 741,80 €

Neste caso, as peças boas tinham um custo unitário de produção de 392,59 € e as peças defeituosas um custo unitário de 120 €. A empresa ainda assumia custos acidentais de 16 741,80 € na demonstração dos resultados.

5. Estudo de casos

Caso prático n.º 1

A Sociedade de Malas, Lda. produz malas de viagem para venda a retalhistas ou por encomenda.

O movimento da fábrica em dezembro foi o seguinte:

a) Continuou-se a produção do lote n.º 101, de 600 malas cujo montante de gastos já ascendia a 5 260 €. Esta encomenda foi terminada no mês de dezembro.

b) Iniciou-se a produção dos lotes n.ºs 102, 103 e 104, tendo sido concluídos os dois primeiros com, respetivamente, 800 e 500 malas. O lote 104 é de 750 malas.

c) O consumo dos materiais durante o mês foi o seguinte:

	Mat. M (m3)	Mat. N (unidades)	Materiais Diversos (€)
Lote 101	500	800	4600 €
Lote 102	1000	2000	
Lote 103	2000	1500	
Lote 104	1000	700	

d) O custo do m^3 da Mat. M é de 5,10 € e da unidade da Mat. N é de 2,50 €.

e) Os salários processados no mês totalizaram 26 000 € para os operários, relativas às seguintes horas aplicadas:

	Operários (horas)
Lote 101	270
Lote 102	820
Lote 103	1050
Lote 104	360

f) A empresa considera 50% de encargos sobre todos os ordenados.

g) Os GGF do mês foram os seguintes:
- Ordenados — 20 000 €.
- Depreciações — 8000 €.
- Eletricidade, telefone e água — 1250 €.
- Rendas — 1000 €.
- Diversos — 1550 €.

h) Foram vendidas 500 malas do Lote 101 a 67,50 €/unidade, 750 malas do Lote 102 a 85,00 €/unidade e faturou-se o Lote 103 por 75 000 €.

i) Os gastos não industriais foram os seguintes:
- Custos administrativos — 24 300 €.

- Custos de distribuição — 16 800 €.
- Custos financeiros — 18 100 €.

j) As bases de imputação dos GGF são as seguintes:
- MOI — horas de MOD.
- Depreciações — Valor da MOD.
- Materiais diversos — Unidades de matéria-prima.
- Outros — Unidades produzidas de cada lote.

Pretende-se:

1) O cálculo do CIP, CIPA e CIPV.
2) A elaboração da Demostração de Resultados do mês.

Resolução:

1) O cálculo do CIP, CIPA e CIPV

Produtos	Lote 101	Lote 102	Lote 103	Lote 104
MP				
Mat. M	2550	5100	10 200	5100
Mat. N	2000	5000	3750	1750
MOD	4212	12 792	16 380	5616
GGF (1)	5700,38	15 451,17	18 056,98	7191,47
CIP	14 462,38	38 343,17	48 386,98	19 657,47
EiPvf	5260	---	---	---
EfPVF	---	---	---	19 657,47
CIPA	19 722,38	38 343,17	48 386,98	---
PA	600	800	500	---
CIPAunit	32,87	47,93	96,77	---
PV	500	750	500	---
CIPV	16 435	35 947,5	48 386,98	---

(1) Quotas de imputação dos GGF:

$$\text{MOI} = \frac{20\,000 \times 1{,}5}{270 + 820 + 1050 + 360} = 12$$

$$\text{Depreciações} = \frac{128\,000}{4212 + 12\,792 + 16\,380 + 5616} = 0{,}2051282051$$

$$\text{Materiais diversos} = \frac{124\,600}{800 + 2000 + 1500 + 700} = 0{,}92$$

$$\text{Outros} = \frac{1250 + 1000 + 1550}{600 + 800 + 500 + 750} = 1{,}433962264$$

Cálculo dos GGF por Lote:

Lote 101 = 270 x 12 + 4212 x 0,2051282051 + 800 x 0,92 + 600 x 1,433962264

Lote 102 = 820 x 12 + 12 792 x 0,2051282051 + 2000 x 0,92 + 800 x 1,433962264

Lote 103 = 1050 x 12 + 16 380 x 0,2051282051 + 1500 x 0,92 + 500 x 1,433962264

Lote 104 = 360 x 12 + 5616 x 0,2051282051 + 700 x 0,92 + 750 x 1,433962264

2) A elaboração da Demostração de Resultados do mês

	Lote 101	**Lote 102**	**Lote 103**	**Total**
Vendas	33 750	63 750	75 000	172 500
CIPV	16 435	35 947,5	48 386,98	100 769,48
Margem Bruta	17 315	27 802,50	26 613,02	71 730,52
Custos não industriais:				
Custos Administrativos				24 300
Custos comerciais				16 800
Custos financeiros				18 100
RAI				12 530,52

Caso prático n.º 2

Determinada empresa produz, em regime de produção conjunta, dois coprodutos, M1 e M2, e um subproduto, designado SM.

Da contabilidade de maio conhece-se o seguinte:

a) Custos conjuntos: 218 500 €.
b) Custos específicos industriais:
   - M1: 29 160 €.
   - M2: 13 740 €.
c) Produção:
   - M1: 3600 t.
   - M2: 4100 t.
   - SM: 650 t.
d) Vendas:
   - M1: 3200 t a 62,50 €/t.
   - M2: 3900 t a 75 €/t.
   - SM: 600 t a 30 €/t.
e) O subproduto tem custos de distribuição de 5 €/t.

Pretende-se o cálculo do CIPunit e a elaboração da Demonstração dos Resultados nas seguintes condições:

1) Critério do custo nulo para o subproduto e do valor das vendas no ponto de separação para os coprodutos.
2) Critério do lucro nulo para o subproduto e do valor de venda relativo para os coprodutos.
3) Critério do custo nulo para o subproduto e do custo unitário médio para os coprodutos.

Resolução:

1) Critério do custo nulo para o subproduto e do valor das vendas no ponto de separação para os coprodutos

1.º passo — cálculo do custo do subproduto (custo nulo)

CIP (SM) = 0

Custos conjuntos a repartir = 218 500 − 0 = 218 500 €

2.º passo — cálculo do custo dos coprodutos (valor das vendas no ponto de separação para os coprodutos)

Produtos	QP	PV	VVR	Custos Específicos	VVRPS	%	Custos Conjuntos	CIP	CIPunit
M1	3600	62,50	225 000	29 160	195 840	40,00	87 400	116 560	32,38
M2	4100	75,00	307 500	13 740	293 760	60,00	131 100	144 840	35,33
					489 600		218 500		

3.º passo — elaboração da Demonstração dos Resultados

	M1	M2	SM	Total
Vendas	200 000,00	292 500,00	18 000,00	510 500,00
CIPV	103 616,00	137 787,00	0,00	241 403,00
Margem Bruta	96 384,00	154 713,00	18 000,00	269 097,0
Custos de distribuição	0,00	0,00	3000,00	3000,00
RAI	96 384,00	154 713,00	15 000,00	266 097,00

2) Critério do lucro nulo para o subproduto e do valor das vendas relativo para os coprodutos

1.º passo — cálculo do custo do subproduto (lucro nulo)

CIP (SM) = 650 x 30 - 650 x 5 = 16 250 €

Custos conjuntos a repartir = 218 500 - 16 250 = 202 250 €

2.º passo — cálculo do custo dos coprodutos (valor de venda relativo para os coprodutos)

Produtos	QP	PV	VVR	%	Custos Conjuntos	Custos Específicos	CIP	CIPunit
M1	3600	62,50	225 000	42,25	85 450,63	29 160	114 610,63	31,84
M2	4100	75,00	307 500	57,75	116 799,38	13 740	130 539,38	31,84
			532 500		202 250			

3.º passo — elaboração da Demonstração dos Resultados

	M1	M2	SM	Total
Vendas	200 000,00	292 500,00	18 000,00	510 500,00
CIPV	101 888,00	124 176,00	15 000,00 (1)	241 064,00
Margem Bruta	98 112,00	168 324,00	3000,00	269 436,00
Custos de distribuição	0,00	0,00	3000,00	3000,00
RAI	98 112,00	168 324,00	0,00	272 436,00

(1) 16 250 / 650 x 600

3) Critério do custo nulo para o subproduto e do custo unitário médio para os coprodutos

1.º passo — cálculo do custo do subproduto (custo nulo)

CIP (SM) = 0

Custos conjuntos a repartir = 218 500 - 0 = 218 500 €

2.º passo — cálculo do custo dos coprodutos (custo unitário médio)

Produtos	QP	%	Custos Conjuntos	Custos Específicos	CIP	CIPunit
M1	3600	46,75	102 148,75	29 160	131 308,75	36,47
M2	4100	53,25	116 351,25	13 740	130 091,25	31,73
	7700		218 500			

3.º passo — elaboração da Demonstração dos Resultados

	M1	M2	SM	Total
Vendas	200 000,00	292 500,00	18 000,00	510 500,00
CIPV	116 704,00	123 747,00	0,00	240 451,00
Margem Bruta	83 296,00	168 753,00	18 000,00	270 049,00
Custos de distribuição	0,00	0,00	3000,00	3000,00
RAI	83 296,00	168 753,00	15 000,00	273 049,00

Caso prático n.º 3

Uma empresa de montagem de compressores dispõe de uma linha de montagem em que é feita a junção de várias componentes.

No início do mês, estavam na linha cinco compressores com os seguintes dados:

	% que falta incorporar	Custo atribuído
Materiais	20%	7200 €
Mão-de-obra direta	60%	1300 €
Gastos gerais de fabrico	50%	1500 €

Durante o mês, foram terminados 120 compressores e ficaram no final do mês em linha de montagem dez, dos quais se sabem as seguintes informações:

	% acabamento
Materiais	60%
Mão-de-obra direta	50%
Gastos gerais de fabrico	40%

Os custos do mês referentes à fabricação foram os seguintes:

	Custo atribuído
Materiais	262 300 €
Mão-de-obra direta	69 896 €
Gastos gerais de fabrico	75 600 €

Pretende-se o cálculo do CIPA e do CIPAunit pelos critérios:

1) CMP.
2) FIFO.

Resolução:

1.º passo — cálculo da produção efetiva (Pe), através das unidades equivalentes (UE) do produto acabado:

	UF	Materiais		Mão-de-obra direta		Gastos gerais de fabrico	
		Grau acabamento	UE	Grau acabamento	UE	Grau acabamento	UE
PA	120	100	120	100	120	100	120
EfPvf	10	60	6	50	5	40	4
EiPvf	5	80	4	40	2	50	2,5
Pe			122		123		121,5

2.º passo — cálculo do custo unitário do mês da Pe:

	Valor do mês	Pe	Custo unitário
Materiais	262 300 €	122	2150,00 €
Mão-de-obra direta	69 896 €	123	568,26 €
Gastos gerais de fabrico	75 600 €	121,5	622,22 €
Total			3340,48 €

3.º passo — valorização das EfPvf tendo em conta o critério de valorimetria:

1) CMP

$$\text{Materiais} = \frac{7200 + 262\,300}{4 + 122} = 2138{,}89$$

$$\text{MOD} = \frac{1300 + 69896}{2 + 123} = 569{,}57$$

$$\text{GGF} = \frac{1500 + 75\,600}{2{,}5 + 121{,}5} = 621{,}77$$

CIPAunit = 2138,89 + 569,57 + 621,77 = 3330,23 €

CIPA = 120 x 3330,23 = 399 627,60 €

2) FIFO

EfPvf = 6 x 2150 + 5 x 568,26 + 4 x 622,22 = 18 230,18 €

CIPA = (7200 + 1300 + 1500) + (262 300 + 69 896 + 75 600) – 18 230,18 = 399 565,82 €

$$\text{CIPAunit} = \frac{399\,565{,}82}{120} = 3329{,}72\ €$$

CASO PRÁTICO N.º 4

A ordem de produção n.º 17/2020, 10 000 peças do modelo AAA, totaliza, no final do período contabilístico, 85 350 € de matérias-primas e 73 410 € de custos de transformação. Os serviços fabris definiram que os defeitos normais possam atingir 2% da produção lançada em fabrico. No período obtiveram-se 250 peças com defeito.

Os gestores de produção e o responsável da contabilidade interna consideram que a produção defeituosa tem mercado e que o preço de venda é de 14 €/peça.

Pretende-se:

1) O cálculo do custo unitário e do custo total da produção boa.
2) O cálculo do valor dos resultados acidentais.

Resolução:

1) O cálculo do custo unitário e do custo total da produção boa

10 000 x 2% = 200 peças
250 > 200, logo, a produção defeituosa está acima dos padrões normais.

Dentro dos padrões normais = 200 peças

Acima dos padrões normais = 250 – 200 = 50 peças

Custo de produção = (85 350 + 73 410) – 250 x 14 = 155 260 €

$$\text{Custo unit.} = \frac{155\,260}{10\,000} = 15{,}53\ €$$

Então o cálculo dos custos das peças será:

CIP (peças boas) = (10 000 – 250 + 200) x 15,53 = 154 523,50 €

$$\text{CIPunit (peças boas)} = \frac{154\,523{,}50}{9750} = 15{,}85\ €$$

2) O cálculo do valor dos resultados acidentais

Resultados acidentais = 50 x 15,53 = 776,50 €

6. Bibliografia relevante do capítulo

Nabais, C., & Nabais, F. (2016). *Prática de Contabilidade Analítica e de Gestão.* (1.ª edição). Lidel.

Saraiva, A., Rodrigues, A. I., Coimbra, C., Fantasia, M., & Nunes, R. (2018). *Contabilidade de Gestão.* Edições Almedina.

CAPÍTULO IV
MÉTODO DAS SECÇÕES HOMOGÉNEAS

Nas empresas, os custos industriais indiretos são elevadíssimos, sendo necessário um tratamento peculiar de modo a ser possível o apuramento do custo dos produtos e serviços. A heterogeneidade de custos industriais indiretos é imensa, sendo possível identificar alguns a título de exemplo: mão-de-obra indireta, consumos de água, consumo de matérias subsidiárias, depreciações de edifícios e equipamentos industriais, seguros de equipamentos industriais, conservação e reparação de máquinas e equipamentos industriais. Tendo em conta que os custos industriais indiretos pertencem a vários produtos, a sua afetação é problemática.

1. Método das secções homogéneas

Em primeiro lugar, numa empresa é necessário definir qual é o objeto de custo. O gestor necessita de saber: qual o custo de um produto, um serviço, uma secção? Posteriormente, é necessário encontrar algo que relacione os custos com o objeto de custo, que designamos por base de imputação, como, por exemplo: quantidade de matérias-primas consumidas, área utilizada, número de horas de mão-de-obra direta, número de empregados, taxa de ocupação, etc.

No processo de seleção das bases de imputação é necessário ter em conta vários aspectos: é necessário que a base relacione o gasto com o objeto de custo; ter em conta os custos administrativos que a utilização da base vai trazer à empresa; e o benefício da utilização da base de imputação em questão, ou seja, se tornará a afetação dos custos mais rigorosa. A estatística poderá ser utilizada neste processo, através dos coeficientes de correlação e coeficientes de regressão.

Existem diferentes naturezas de custo nas empresas, logo, será benéfica a utilização de diversas bases de imputação gerando coeficientes de imputação de base múltipla. Contudo, ainda existem empresas que utilizam o coeficiente de imputação de base simples. Por outras palavras, utilizam apenas um coeficiente de imputação para a afetação de todos os custos industriais indiretos. Por vezes, este processo pode levar a distorções no custo do produto e no custo do serviço.

Para realizar a afetação dos custos, em qualquer que seja a fase, será necessário percorrer diversos passos:

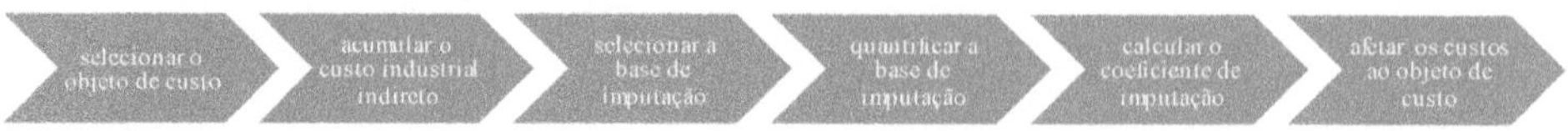

Considerando todos os passos anteriores, o cálculo do coeficiente de imputação carece de alguma atenção:

$$\text{Coeficiente de imputação} = \frac{\text{custo industrial indireto}}{\text{base de imputação}}$$

Além destes simples coeficientes de imputação, pode utilizar-se o método das secções homogéneas, de modo a tornar todo este processo mais rigoroso.

O método das secções homogéneas divide a empresa em segmentos organizacionais, para os quais são determinados os custos que, seguidamente, são imputados aos objetos de custo. Optando pelo método das secções homogéneas, existem quatro passos a percorrer (Figura 4.1.):

1.º Acumulação: todos os custos devem ser acumulados;

2.º Distribuição (Repartição primária): todos os custos industriais indiretos devem ser distribuídos pelas secções auxiliares e secções principais;

3.º Redistribuição (Repartição secundária): os custos acumulados nas secções auxiliares deverão ser redistribuídos pelas secções principais;

4.º Imputação: os custos industriais indiretos acumulados em cada secção principal deverão ser imputados aos produtos/serviços utilizadores dessas secções.

FIGURA 4.1. – AFETAÇÃO, DISTRIBUIÇÃO, REDISTRIBUIÇÃO E IMPUTAÇÃO DOS CUSTOS

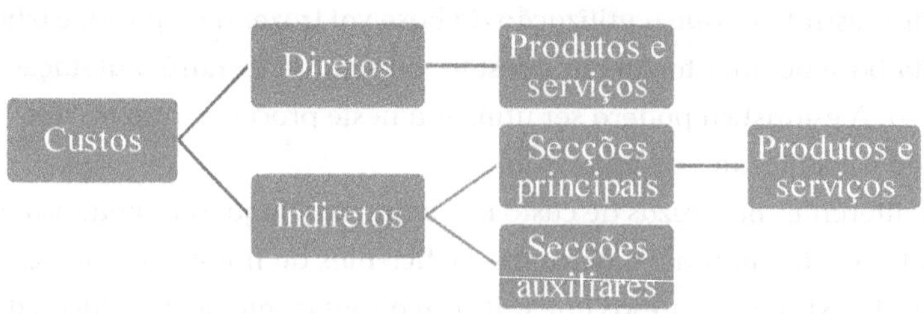

Fonte: Elaboração própria.

2. Secções principais, auxiliares e administrativas

Na contabilidade analítica, existem várias designações para as secções principais, as quais muitas vezes são denominadas centros de custos ou centros principais. O mesmo sucede com as secções auxiliares, também designadas centros auxiliares.

Classifica-se em secção auxiliar quando o departamento possui uma atividade que não está diretamente relacionada com os produtos/serviços, estando antes relacionada com as secções principais. Por outras palavras, as secções auxiliares prestam serviços às secções principais. Já a atividade das secções principais está diretamente relacionada com a consecução dos produtos e serviços, visto as secções principais estarem relacionadas com o objetivo principal da empresa.

A complexidade da prestação de serviços entre as secções é patente, pelo que será abordada mais adiante, no subcapítulo da redistribuição de custos.

Em relação às secções de distribuição e administração, é muito difícil selecionar a base de imputação devido à diversidade de atividades existente.

3. Acumulação e distribuição de custos

Uma vez definidas as secções principais e auxiliares e conhecidos os custos diretos e indiretos incorridos num determinado período, a afetação dos custos poderá ser efetuada, iniciando-se o processo com a fase da distribuição (Figura 4.2.).

Em primeiro lugar, os custos diretos são afetados às secções principais e auxiliares, onde não existe qualquer problema, pois os custos estão diretamente relacionados com as secções. Exemplo: a remuneração dos funcionários da secção de limpeza é um custo direto da secção de limpeza. Depois, segue-se a distribuição dos custos indiretos por todas as secções, operação no âmbito da qual será necessário determinar uma relação causa-efeito para definir as bases de imputação e, de seguida, calcular os coeficientes de imputação.

FIGURA 4.2. – DISTRIBUIÇÃO DOS CUSTOS DIRETOS E INDIRETOS

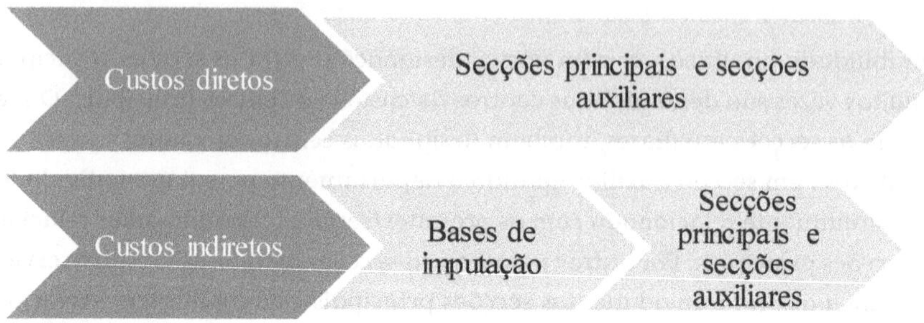

Fonte: Elaboração própria.

Para selecionar as bases de imputação necessárias para se proceder à distribuição de custos, as empresas deverão utilizar informação contabilística. Existem diferentes bases de imputação que podem ser utilizadas: número de empregados por secção, áreas das secções, horas de trabalho. Deverá ser escolhida a base de imputação que melhor represente o comportamento do custo, tendo em conta os critérios de seleção: relação causa -efeito, custos administrativos para apuramento do valor da base, correlação.

O processo através do qual os custos totais são imputados aos produtos e serviços é apresentado na Figura 4.3.

FIGURA 4.3. – IMPUTAÇÃO DOS CUSTOS TOTAIS AOS OBJETOS DE CUSTO

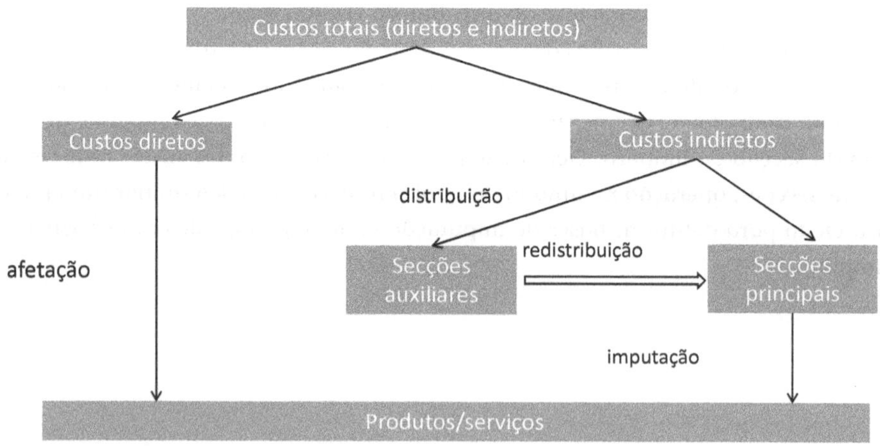

Fonte: Adaptado de Lima Santos et al. (2016)

EXEMPLO:

A agência de viagens VIIA atingiu um extraordinário crescimento a nível das suas vendas, sendo necessário um especial tratamento a nível dos custos. Esta empresa possui duas secções auxiliares (suporte técnico e estudos de mercado) e quatro secções principais (reservas, gestão de tarifas, departamento operacional nacional e departamento operacional internacional). Os gastos do ano são disponibilizados na tabela seguinte:

Gastos			
Gastos com pessoal:		Outros custos	
Suporte técnico	8000 €	Rendas	30 750 €
Estudos de mercado	9000 €	Eletricidade	14 000 €
Reservas	27 000 €	Telefone	10 000 €
Gestão de tarifas	28 000 €	Depreciações	20 000 €
Departamento operacional nacional	59 000 €	Seguros	10 800 €
Departamento operacional internacional	39 000 €		

Para efeitos de repartição dos gastos indiretos são utilizados os seguintes critérios:

	Suporte técnico	Estudos de mercado	Reservas	Gestão de tarifas	Departamento operacional nacional	Departamento operacional internacional
Renda (área ocupada)	10 m²	11 m²	15 m²	16 m²	20 m²	20 m²
Eletricidade (%)	30%	8%	5%	20%	17%	20%
Telefone (%)			10%	16%	44%	30%
Depreciações e seguros (%)	22%	14%	9%	40%	5%	10%

Na fase da distribuição dos custos, existem custos que são afetados diretamente, o caso dos gastos com pessoal. Contudo, existem outros que possuem uma relação indireta com as secções, tendo de ser distribuídos através de coeficientes de imputação ou percentagens.

Gastos	Suporte técnico	Estudos de mercado	Reservas	Gestão de tarifas	Departamento operacional nacional	Departamento operacional internacional
Gastos com pessoal	8000,00 €	9000,00 €	27 000,00 €	28 000,00 €	59 000,00 €	39 000,00 €
Rendas	3342,39 € (1)	3676,63 €	5013,59 €	5347,83 €	6684,78 €	6684,78 €
Eletricidade	4200,00 € (2)	1120,00 €	700,00 €	2800,00 €	2380,00 €	2800,00 €

Gastos	Suporte técnico	Estudos de mercado	Reservas	Gestão de tarifas	Departamento operacional nacional	Departamento operacional internacional
Telefone	- €	- €	1000,00 € (3)	1600,00 €	4400,00 €	3000,00 €
Depreciações e seguros	6776,00 € (4)	4312,00 €	2772,00 €	12 320,00 €	1540,00 €	3080,00 €
Total	22 318,39 €	18 108,63 €	36 485,59 €	50 067,83 €	74 004,78 €	54 564,78 €

(1) Coeficiente de imputação = $\frac{30\,750}{92}$ = 334,2391

334,2391 x 10

(2) 14 000 x 30%

(3) 10 000 x 10%

(4) (20 000 + 10 800) x 22%

4. Métodos aplicados na redistribuição de custos: método direto, método escada e método das prestações recíprocas

O processo de redistribuição dos custos das secções auxiliares pelas secções principais é também denominado «distribuição secundária» e consiste na redistribuição dos custos totais de cada secção auxiliar pelas secções principais, usufruidoras dos respetivos serviços. Este procedimento deve-se ao facto de as secções auxiliares exercerem a sua atividade relativamente às secções principais, não existindo uma relação direta com os produtos/serviços. Na fase da redistribuição, todos os custos das secções auxiliares são redistribuídos pelas secções principais. Após esta fase estar completa, os custos são, então, imputados aos produtos e serviços.

Na redistribuição, pretende-se obter, através de uma base de imputação, uma relação causa-efeito entre as secções que prestam os serviços e as que os recebem.

Existem diferentes métodos de redistribuição dos custos das secções auxiliares:

- Redistribuição direta;
- Redistribuição em escada ou sequencial (*step-down*);
- Redistribuição em prestações recíprocas.

Redistribuição direta

Neste método, os custos das secções auxiliares são redistribuídos diretamente pelas secções principais, conforme representado na Figura 4.4.

FIGURA 4.4. – DISTRIBUIÇÃO DIRETA DOS CUSTOS DAS SECÇÕES AUXILIARES PELAS SECÇÕES PRINCIPAIS

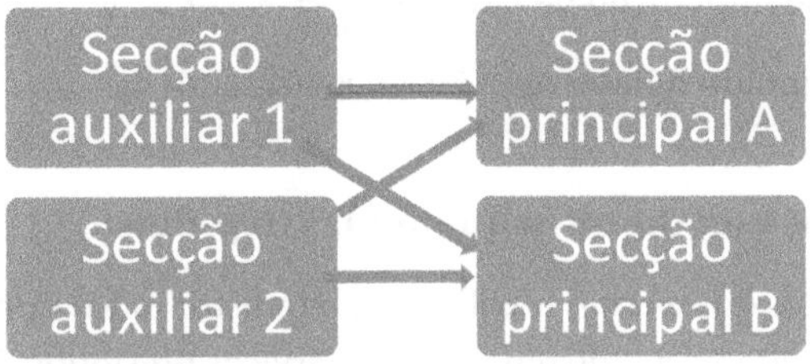

Fonte: Elaboração própria.

Esta metodologia ignora todos os serviços prestados entre as secções auxiliares, distribuindo, assim, a totalidade dos custos das secções auxiliares pelas secções principais. Este procedimento é frequentemente utilizado em termos práticos e quando os serviços das secções auxiliares são apenas efetuados relativamente às secções principais.

Aplicando este tipo de redistribuição ao exemplo atrás descrito e considerando que os custos das duas secções auxiliares são redistribuídos através das horas trabalhadas, indicadas de seguida, temos a resolução na tabela seguinte:

Horas trabalhadas	Suporte técnico	Estudos de mercado	Reservas	Gestão de tarifas	Departamento operacional nacional	Departamento operacional internacional
Suporte técnico		500	500	200	400	400
Estudos de mercado	200		300	1000	400	600

O método direto foi aplicado na tabela seguinte, onde os custos das secções auxiliares são apenas redistribuídos pelas secções principais, desprezando-se os serviços prestados entre as duas secções.

	Suporte técnico	Estudos de mercado	Reservas	Gestão de tarifas	Departamento operacional nacional	Departamento operacional internacional
Custos	22 318,39 €	18 108,63 €	36 485,59 €	50 067,83 €	74 004,78 €	54 564,78 €
Red ST	-22 318,39 €		7439,46 € (1)	2975,79 €	5951,57 €	5951,57 €
Red EM		-18 108,63 €	2362,00 € (2)	7873,32 €	3149,33 €	4723,99 €
Total	- €	- €	46 287,05 €	60 916,93 €	83 105,68 €	65 240,34 €

(1) Coeficiente de imputação de ST = $\frac{22\,318{,}39}{1500}$ = 14,88 €

Custo redistribuído a Reservas = 14,88 € x 500

(2) Coeficiente de imputação de EM = $\frac{18\,108{,}63}{2300}$ = 127,87 €

Custo redistribuído a Reservas = 7,87 € x 300

Redistribuição em escada ou sequencial (*step-down*)

Neste método, os custos das secções auxiliares são redistribuídos tanto pelas secções principais como pelas auxiliares, tendo em conta os serviços prestados. É necessário escolher a ordem sequencial das redistribuições de custos a efetuar, visto que já não se ignora os serviços prestados entre as secções auxiliares. A sequência da distribuição inicia-se com a secção auxiliar que presta, em termos percentuais, o maior número de serviços às outras secções auxiliares, terminando com a secção auxiliar que presta, percentualmente, um menor número de serviços. É de realçar que neste método quando uma secção auxiliar redistribui os seus custos, não torna a receber quaisquer custos de outra secção. No final, todos os custos das secções auxiliares são redistribuídos pelas secções principais. A redistribuição é realizada sequencialmente, sendo os custos das secções auxiliares redistribuídos de acordo com a Figura 4.5.

FIGURA 4.5. – DISTRIBUIÇÃO EM ESCADA DOS CUSTOS DAS SECÇÕES AUXILIARES PELAS SECÇÕES PRINCIPAIS

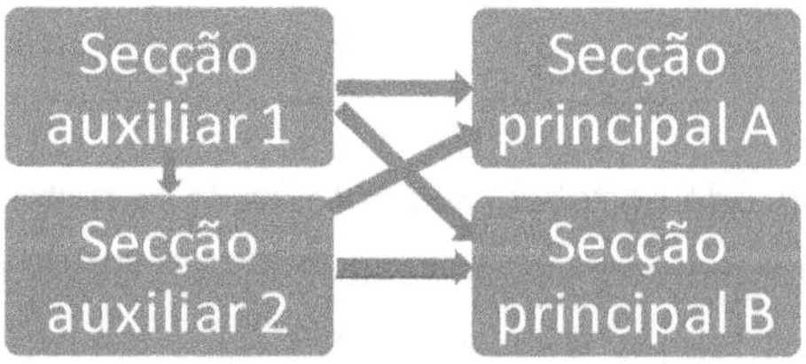

Fonte: Elaboração própria.

Esta disposição pode ser utilizada quando as disposições entre centros auxiliares e centros principais seguem uma única direção.

Continuando o exemplo com o método escada, em primeiro lugar, foi necessário apurar qual a primeira secção auxiliar a redistribuir. Para tal, foi calculada a percentagem de prestação de serviços (Figura 4.6.).

FIGURA 4.6. – APURAMENTO DA PRIMEIRA SECÇÃO AUXILIAR

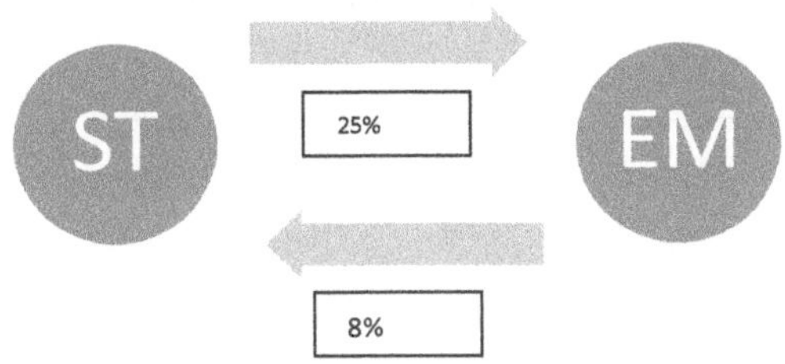

Fonte: Elaboração própria.

Logo, a sequência é a seguinte:

1.º Suporte técnico;

2.º Estudos de mercado.

Método escada

	Suporte técnico	Estudos de mercado	Reservas	Gestão de tarifas	Departamento operacional nacional	Departamento operacional internacional
Custos	22 318,39 €	18 108,63 €	36 485,59 €	50 067,83 €	74 004,78 €	54 564,78 €
Red ST	-22 318,39 €	5579,60 € (1)	5579,60 €	2231,84 €	4463,68 €	4463,68 €
Red EM		-23 688,23 €	3089,77 € (2)	10 299,23 €	4119,69 €	6179,54 €
Total	- €	- €	45 154,95 €	62 598,89 €	82 588,15 €	65 208,00 €

(1) Coeficiente de imputação de ST = $\frac{22\,318{,}39}{2000}$ = 11,16 €

Custo redistribuído a Estudos de mercado = 11,16 € x 500

(2) Coeficiente de imputação de EM = $\frac{23\,688{,}23}{2300}$ = 10,30 €

Custo redistribuído a Reservas = 10,30 € x 300

Redistribuição em prestações recíprocas

As secções auxiliares prestam serviços a outras secções, mas, por sua vez, também recebem benefícios de outras secções. Existe uma reciprocidade em termos de prestação de serviços, ou seja, as prestações entre as secções são bidirecionais. Todavia, em primeiro lugar, é necessário proceder à redistribuição de custos entre as secções auxiliares. Este método teoricamente muito sofisticado encontra-se esquematizado na Figura 4.7.

FIGURA 4.7. – DISTRIBUIÇÃO DOS CUSTOS DE SECÇÕES AUXILIARES RECÍPROCAS PELAS SECÇÕES PRINCIPAIS

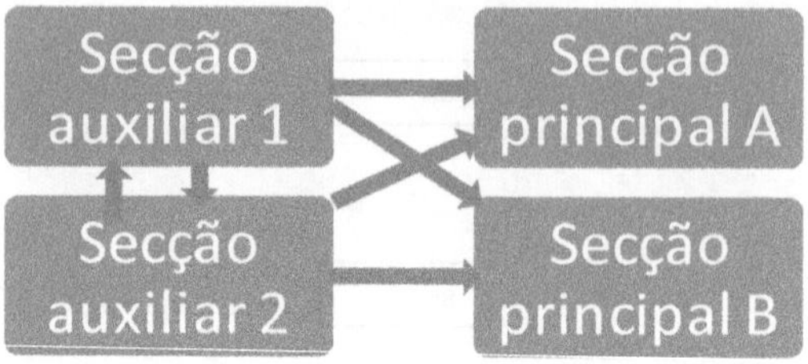

Fonte: Elaboração própria

Primeiramente, é necessário calcular, através de um sistema de equações, o custo total dos serviços técnicos e dos estudos de mercado:

$$\begin{cases} ST = 22\ 318{,}39 + 0{,}08\ EM \\ EM = 18\ 108{,}63 + 0{,}25\ ST \end{cases}$$

$$\begin{cases} ST = 24\ 252{,}12\ € \\ EM = 24\ 171{,}66\ € \end{cases}$$

Redistribuindo os custos através do método das prestações recíprocas, temos de utilizar os valores do sistema para calcular o coeficiente de imputação, como se pode verificar na tabela seguinte:

	Suporte técnico	Estudos de mercado	Reservas	Gestão de tarifas	Departamento operacional nacional	Departamento operacional internacional
Custos	22 318,39 €	18 108,63 €	36 485,59 € (1)	50 067,83 €	74 004,78 €	54 564,78 €
Red ST	-24 252,12 €	6063,03 €	6063,03 € (2)	2425,21 €	4850,42 €	4850,42 €
Red EM	1933,73 €	-24 171,66 €	2900,60 €	9668,66 €	3867,47 €	5801,20 €
Total	-0,00 €	- €	45 449,22 €	62 161,70 €	82 722,67 €	65 216,41 €

(1) Coeficiente de imputação de ST = 12,13 €

Custo redistribuído a Reservas = 12,13 x 500

(2) Coeficiente de imputação de EM = 9,67 €

Custo redistribuído a Reservas = 9,67 € x 300

5. Mapas de apuramento do custo de produção

Este processo sequencial realiza-se, fundamentalmente, com a finalidade de mensurar o custo dos produtos e os serviços. Na fase da imputação, pode calcular-se o custo industrial do produto acabado. Após os custos estarem acumulados nas respetivas secções principais e terem sido calculados os coeficientes de imputação, pode imputar-se os custos aos produtos e serviços. A tabela seguinte apresenta um exemplo de um mapa de apuramento do custo de produção em que os materiais e a mão-de-obra são aplicados diretamente aos produtos, enquanto os gastos gerais de fabrico são acumulados em diversos centros de custos e depois são imputados aos produtos.

	Unidade física	Custo unit. €	Produto A €	Produto B €	Produto C €
Materiais consumidos					
Mão-de-obra aplicada					
Gastos gerais de fabrico:					
Centro de custo 1					
Centro de custo 2					
Custo total					

6. Estudo de casos

Caso prático n.º 1

O hotel NCIV está subdividido em três secções principais (Alojamento, Comidas e Bebidas e Animação) e duas secções auxiliares (Limpeza e Lavandaria). Os respetivos custos diretos (€) e atividade mensal são em média os seguintes:

	Custos diretos	Indicador de Atividade
Secção Alojamento	12 000	500 dormidas
Secção Comidas e Bebidas	12 000	800 refeições
Secção Animação	7000	100 horas-homem
Secção Limpeza	4000	525 horas-homem
Secção Lavandaria	2500	500 horas-homem

A atividade da secção auxiliar Limpeza é a seguinte:

- 200 horas-homem de serviço prestado ao Alojamento.
- 200 horas-homem de serviço prestado às Comidas e Bebidas.
- 25 horas-homem de serviço prestado à Animação.
- 100 horas-homem de serviço prestado à Lavandaria.

A atividade da secção auxiliar Lavandaria é a seguinte.

- 200 horas-homem de serviço prestado ao Alojamento.
- 200 horas-homem de serviço prestado às Comidas e Bebidas.
- 100 horas-homem de serviço prestado à Limpeza.

Pretende-se os custos totais das secções principais, utilizando o método direto, o método escada e o método das prestações recíprocas para repartir os custos das secções auxiliares.

Resolução:

Método direto

	Limpeza	Lavandaria	Alojamento	C&B	Animação	Coeficiente de imputação
Custos diretos	4000,00 €	2500,00 €	12 000,00 €	12 000,00 €	7000,00 €	
Redistribuição da limpeza	-4000,00 €		1882,35 €	1882,35 €	235,29 €	9,41 €
Redistribuição da lavandaria		-2500,00 €	1250,00 €	1250,00 €		6,25 €
Total	- €	- €	15 132,35 €	15 132,35 €	7235,29 €	

Método escada

Limpeza à Lavandaria: 19,05%

Lavandaria à Limpeza: 20,00%

Logo, a primeira secção auxiliar a redistribuir é a Lavandaria:

	Limpeza	Lavandaria	Alojamento	C&B	Animação	Coeficiente de imputação
Custos diretos	4000,00 €	2500,00 €	12 000,00 €	12 000,00 €	7000,00 €	
Redistribuição da lavandaria	500,00 €	-2500,00 €	1000,00 €	1000,00 €		5,00 €
Redistribuição da limpeza	-4500,00 €		2117,65 €	2117,65 €	264,71 €	10,59 €
Total	- €	- €	15 117,65 €	15 117,65 €	7264,71 €	

Método das prestações recíprocas

É necessário calcular o custo total da limpeza e da lavandaria, que será realizado através do seguinte sistema de equações:

$$\begin{cases} \text{Limp.} = 4000 + (100 / 500) \times \text{Lav.} \\ \text{Lav.} = 2500 + (100 / 525) \times \text{Limp.} \end{cases}$$

$$\begin{cases} \text{Limp.} = 4678{,}22 \\ \text{Lav.} = 3391{,}09 \end{cases}$$

	Limpeza	Lavandaria	Alojamento	C&B	Animação	Coeficiente de imputação
Custos diretos	4000,00 €	2500,00 €	12 000,00 €	12 000,00 €	7000,00 €	
Redistribuição limpeza	-4678,22 €	891,09 €	1782,18 €	1782,18 €	222,77 €	8,91 €
Redistribuição lavandaria	678,22 €	-3391,09 €	1356,44 €	1356,44 €		6,78 €
Total	-	-	15 138,61 €	15 138,61 €	7222,77 €	

7. Bibliografia relevante do capítulo

Datar, S., & Rajan, M. (2018). *Horngren's Cost Accounting — A managerial emphasis.* (16.ª edição). Pearson.

Ferreira, D., Caldeira, C., Asseiceiro, J., Vieira, J., & Vicente, C. (2014). *Contabilidade de gestão.* Rei dos Livros.

Lima Santos, L., Gomes, C., Faria, A. R., Lunkes, R., Malheiros, C., Silva da Rosa, F., & Nunes, C. (2016). *Contabilidade de Gestão Hoteleira.* ATF — Edições Técnicas.

CAPÍTULO V
CUSTEIO BASEADO NAS ATIVIDADES (*ACTIVITY BASED COSTING* — ABC)

Se é certo que a repartição tradicional dos custos indiretos é relativamente simples, o grande objetivo da contabilidade de custos é conseguir apurar os custos de produção, ou outros, o mais rigorosamente possível. Só apurando os custos com o máximo de rigor a contabilidade de custos pode ser uma ferramenta indispensável para a gestão. Assim, surgiu o método ABC, que permite um maior rigor na afetação dos custos indiretos aos objetos de custo através da utilização das atividades. Ou seja, este método considera que são as atividades que consomem os custos indiretos, pelo que aos objetos de custos devem ser atribuídos apenas os custos das atividades que estes usam. Este capítulo explica não só o funcionamento do método ABC, mas também as vantagens da utilização deste método comparativamente com o método tradicional.

1. Método tradicional *versus* método ABC

Com o surgimento de novas atividades económicas, com a globalização, com a alteração da estrutura de gastos das empresas e com todas as alterações existentes no mundo empresarial, foram surgindo novas necessidades de cálculo dos custos. Já não era suficiente o cálculo dos custos industriais que a tradicional contabilidade de custos permitia, tornou-se necessário o cálculo dos custos afetos a outros objetos de custo, como os serviços ou a atividade comercial, sem incluir a produção. Também a própria produção dos bens se tornou mais complexa, com as empresas a produzirem produtos muito diversificados, com algumas atividades necessárias a alguns produtos, mas não necessariamente todas as atividades afetas a todos os produtos.

Assim, surgiram novas metodologias de cálculo e incorporação rigorosa dos custos indiretos aos vários objetos de custos. Foi neste contexto que apareceu o ABC (*Activity Based Costing*) ou, em português, o CBA (Custeio Baseado nas Atividades). A origem desta metodologia remonta ao final dos anos 80, nos Estados Unidos, e tem vindo a evoluir à medida das necessidades de apuramento dos custos das empresas. Tem por base o estudo dos tempos e dos movimentos desenvolvidos por Taylor e Fayol (no século XIX), mas tem também em consideração as novas necessidades da gestão estratégica.

Tanto no método tradicional como no ABC, os custos diretos são imputados diretamente aos produtos. No entanto, no ABC, a incorporação dos custos indiretos tem por base as atividades necessárias à produção dos produtos ou à prestação dos serviços, nas respetivas proporções. O método ABC considera que todas as atividades da empresa, quer sejam industriais ou não industriais, existem para apoiar a produção e distribuição dos produtos e serviços, pelo que devem ser integralmente refletidas no custo dos produtos. Contrariamente, o método tradicional incorpora os custos industriais nos produtos, mas os custos não industriais constam na totalidade como custos do período, não sendo imputados aos produtos.

No método ABC é necessário avaliar com exatidão todas as atividades existentes na empresa e repartir os custos indiretos de uma forma mais realista por estas atividades, usando para o efeito os *cost drivers* dos recursos. Neste sistema considera-se que não é o produto ou serviço que consome os recursos, mas sim as atividades. Estas, por sua vez, são usadas na produção dos bens e na prestação dos serviços, pelo que os seus custos devem então ser repartidos de forma rigorosa pelos produtos ou serviços que as utilizam, através dos *cost drivers* das atividades.

Assim, a diferença entre o método tradicional e o ABC reside no tratamento dos custos indiretos:

- No método tradicional os custos indiretos são imputados aos produtos através de bases de imputação (ex. HH ou HM);
- No método ABC, os custos indiretos são repartidos por atividades pois são estas que consomem recursos e os produtos utilizam atividades. Utiliza vários *cost drivers* como base de imputação, o que leva a custos de produção mais rigorosos, nomeadamente, quando os gastos gerais de fabrico são elevados.

O método ABC apresenta grandes vantagens para as empresas que o utilizam, como a análise crítica de todas as atividades de forma a excluir, logo de início, as que não geram valor acrescentado para o produto/serviço, mas apresenta também grandes desvantagens. Trata-se de um sistema bastante dispendioso, uma vez que necessita de recursos humanos altamente especializados e de meios informáticos adequados não apenas para a implementação do sistema, mas para a sua manutenção. Esta questão leva a que as micro entidades não tenham, por norma, meios financeiros que lhes permitam investir neste sistema.

Por último, de referir ainda que, apesar de este método ter as suas origens na indústria, é o método mais adequado para o cálculo dos custos no sector dos serviços. A complexidade da imputação dos custos a cada serviço exige um elevado rigor na identificação e gestão das atividades. É, por exemplo, o método aconselhado na contabilidade de gestão usada nas Administrações Públicas, no âmbito do SNC-AP.

2. As atividades e os indutores de custos

O método de custeio tradicional pressupõe que os objetos de custo consomem os recursos geradores dos custos. No caso do método ABC, considera-se que esses recursos são consumidos pelas atividades necessárias à produção dos bens, ou seja, não são os bens que diretamente incorrem nos gastos, mas sim as atividades necessárias para a sua produção. Existe, desta forma, uma relação causal entre as atividades e os recursos consumidos, por um lado, e entre os objetos de custo e as atividades que cada objeto de custo necessita, por outro.

Assim, é importante identificar e compreender os vários conceitos considerados no método ABC:

- Atividade — conjunto de ações ou atuações ou tarefas que têm por objetivo acrescentar valor ao processo produtivo da empresa. Uma atividade representa uma unidade que executa um conjunto de tarefas com o fim de produzir algo. Deste modo, uma atividade consome recursos (*inputs*) com o objetivo de produzir resultados (*outputs*).
- Recursos — são os gastos indiretos. Exemplos: gastos com pessoal, amortizações, fornecimentos e serviços externos.
- *Cost drivers* de recursos — é o indutor ou gerador de gastos que pode ser definido como uma unidade através da qual são identificados e medidos os recursos necessários à execução de uma atividade. Exemplos: número de empregados, tempo de MOD, valor do equipamento.
- *Cost drivers* de atividades — quantidade de cada indutor que está associado à atividade que se quer custear. Exemplos: quantidade de pessoas em cada atividade, número de ordens de fabricação.

3. Apuramento do custo de produção

No apuramento dos custos da produção dos bens ou da prestação dos serviços através do método ABC, podem-se identificar cinco fases, conforme a figura seguinte:

FIGURA 5.1. – AS CINCO FASES DO MÉTODO ABC NO APURAMENTO DOS CUSTOS DA PRODUÇÃO DOS BENS OU DA PRESTAÇÃO DOS SERVIÇOS

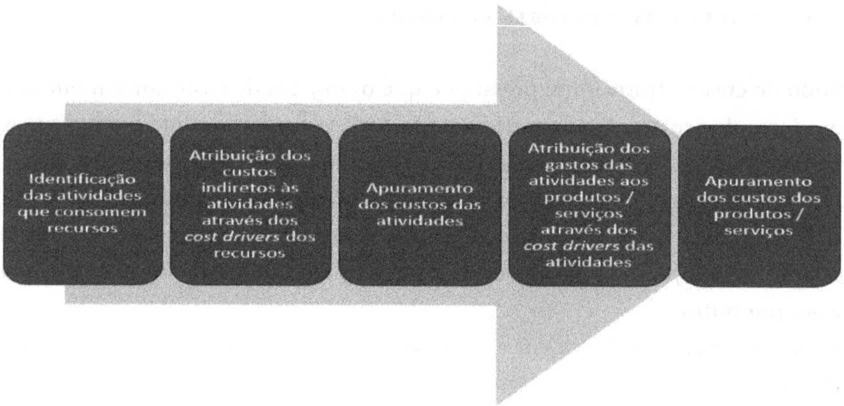

Fonte: Elaboração própria.

Numa primeira fase, há que elaborar uma listagem das principais atividades que originam os gastos gerais indiretos (*cost pools*). Por exemplo, num departamento de corte, na indústria têxtil, podemos encontrar as atividades de planeamento, aplicação do molde, corte e agrupamento das peças.

Na segunda fase, os gastos gerais indiretos (recursos) são atribuídos às atividades através dos *cost drivers* dos recursos. Estes *cost drivers* devem ser indutores de custos que permitam medir e afetar as quantidades desses recursos consumidas pelas atividades. Seguindo o exemplo anterior, os custos com o pessoal podem ter como *cost driver* o número de horas de trabalho neste departamento. Este número de horas deve então ser repartido pelas várias atividades em função do tempo efetivamente utilizado em cada uma.

Na terceira fase, já com os recursos todos imputados às atividades, calculam-se os custos das atividades, ao somar as partes de todos os recursos que caibam a cada uma. Para obter o custo unitário, divide-se o custo total pelas unidades totais do *cost driver* dessa atividade. Ainda no mesmo exemplo, na atividade de planeamento, assim como nas restantes, devem-se somar os custos que lhe são imputados relativamente aos custos com o pessoal, à eletricidade, às depreciações, etc. Dividindo o valor total pelas unidades totais dessa atividade, obtém-se o custo unitário da atividade de planeamento, assim como das restantes.

A quarta fase permite a afetação dos gastos indiretos das atividades aos objetos de custo, através da utilização dos *cost drivers* de cada atividade. Continuando com o exemplo anterior, o corte aplicado através de um equipamento de corte pode ter como *cost driver* a hora-máquina (HM), ou seja, o número de horas que as máquinas de corte trabalham durante o mês. Reparte-se então pelos objetos de custo o custo de cada atividade, multiplicando-se o número de HM que cada objeto de custo usou de cada atividade pelo valor unitário do *cost driver* de cada atividade.

Por último, na quinta fase, somam-se os custos indiretos obtidos através das atividades usadas por cada objeto de custo aos custos diretos, obtendo-se então o custo total de cada objeto de custo. Uma vez que os custos não industriais também são repartidos pelas atividades, não poderemos falar de custo industrial (no caso da produção), mas sim do custo total do produto, nesta fase. Para terminar com o exemplo exposto, para cada objeto de custo devem-se então somar os custos atribuídos em cada atividade, resultando desse exercício o total dos custos indiretos. A estes somam-se os custos diretos de cada objeto de custo (matéria-prima, por exemplo), obtendo-se o custo total de cada um.

4. A repartição tradicional dos custos e o ABC

Se é certo que a repartição tradicional dos custos é bastante mais simplificada, esta vantagem perde algum valor perante o grande objetivo da contabilidade de custos, que é, na realidade, conseguir apurar os custos de produção ou outros o mais rigorosamente possível. Só apurando os custos com o máximo de rigor a contabilidade de custos pode ser uma ferramenta indispensável para a gestão.

De seguida, apresenta-se um exemplo de um cálculo dos custos de produção e do apuramento do resultado mensal pelo método tradicional e pelo método ABC, para que se possa compreender melhor esta questão.

EXEMPLO:

O restaurante Boa Comida Lda. produz e vende dois tipos de refeições: Normal e *Gourmet*. Recentemente, por forma a aumentar a precisão do cálculo do custo de produção de cada refeição, o gestor do restaurante decidiu implementar o método ABC.

Os elementos da contabilidade analítica referentes ao mês de março são os seguintes:

	Normal	*Gourmet*
N.º refeições produzidas e vendidas	1800	3000
Preço por refeição (€)	10 €	20 €

Valor dos custos diretos:

	Normal	*Gourmet*
Custos Diretos	6000 €	15 000 €

Custos indiretos:

- MOI: 6000 €
- Restantes custos: 3000 €

Foram definidas três atividades: Confeção, Empratamento e Manutenção da Cozinha. Os *cost drivers* dos recursos e respetivas repartições (%) são:

	Confeção	Empratamento	Manutenção da cozinha
MOI	25%	25%	50%
Restantes custos	60%	20%	20%

Os *cost drivers* das atividades são:

Atividades	Normal	*Gourmet*	*Cost Drivers*
Confeção	200	600	HH
Empratamento	20	30	HH
Manutenção da cozinha	40	60	HM

Se o custo de produção de cada produto for calculado utilizando o método tradicional, tendo por base a quantidade produzida, obteremos os seguintes custos:

Descrição	Normal	*Gourmet*
Custos Diretos	6000,00 €	15 000,00 €
Custo Indiretos	3375,00 € (1)	5625,00 € (2)
Total do custo por refeição	9375,00 €	20 625,00 €
Quantidade produzida	1800	3000
Custo unitário	5,21 €	6,88 €

(1) 9000 / 4800 x 1800 (2) 9000 / 4800 x 3000

Se o custo de produção de cada produto for calculado utilizando o método ABC:

Repartição primária:

Recursos	Confeção	Empratamento	Manutenção da cozinha
MOI (1)	1500,00 €	1500,00 €	3000,00 €
Outros custos (2)	1800,00 €	600,00 €	600,00 €
Totais	3300,00 €	2100,00 €	3600,00 €

(1) 6000 € x % de cada atividade (2) 3000 € x % de cada atividade

Repartição secundária:

Atividades	Normal	*Gourmet*
Confeção	825,00 € (1)	2475,00 € (2)
Empratamento	840,00 € (3)	1260,00 € (4)
Manutenção da cozinha	1440,00 € (5)	2160,00 € (6)
Totais	3105,00 €	5895,00 €

(1) 3300 / (200 + 600) x 200 (2) 3300 / (200 + 600) x 600
(3) 2100 / (20 + 30) x 20 (4) 2100 / (20 + 30) x 30
(5) 3600 / (40 + 60) x 40 (6) 3600 / (40 + 60) x 60

Custos totais das refeições:

Descrição	Normal	*Gourmet*
Custos Diretos	6000,00 €	15 000,00 €
Custo Indiretos	3105,00 €	5895,00 €
Total do custo por refeição	9105,00 €	20 895,00 €
Quantidade produzida	1800	3000
Custo unitário	5,06 €	6,97 €

Sendo os métodos de repartição dos custos indiretos diferentes, os custos unitários também serão diferentes, pelo que o apuramento dos resultados apresentará valores também eles diferentes:

- Demonstração dos resultados pelo método tradicional:

Descrição	Normal	*Gourmet*	Totais
Vendas	18 000,00 €	60 000,00 €	78 000,00 €
Custos das vendas	9375,00 €	20 625,00 €	30 000 €
Margem Bruta (€)	8625,00 €	39 375,00 €	48 000,00 €
Margem Bruta (%)	47,92%	65,63%	61,54%

- Demonstração dos resultados pelo método ABC:

Descrição	Normal	*Gourmet*	Totais
Vendas	18 000,00 €	60 000,00 €	78 000,00 €
Custos das vendas	9105,00 €	20 895,00 €	30 000,00 €
Margem Bruta (€)	8895,00 €	39 105,00 €	48 000,00 €
Margem Bruta (%)	49,42%	65,18%	61,54%

Nesta situação, e apesar de a margem de lucro total (61,54%) ser idêntica (devido às vendas serem iguais à produção), existem diferenças nas margens de cada um dos pratos comercializados. O prato normal apresenta um lucro ligeiramente superior no método ABC, e o prato *gourmet* constitui um lucro ligeiramente superior face ao real, se for usado o método tradicional.

5. Estudo de casos

Caso prático n.º 1

Uma entidade fabril produz dois tipos de modelos de máquinas de café: modelo industrial (MI) e modelo caseiro (MC).

Em maio, foram apurados os seguintes dados:

a) Produção e vendas:

	MI	MC
Produção	7800 unid.	15 000 unid.
Vendas	7650 unid. a 800 €/unid.	14 500 unid. a 260 €/unid.

b) Gastos diretos:

	MI	MC
Consumo de MP por unid. produzida	224 €	125 €
MOD: HH por unidade Custo unit. da HH	 15 22€	 3 22 €

c) O valor global dos gastos indiretos foi de 610 000 €.

d) Os gastos indiretos por atividade (*cost drivers* dos recursos) são os seguintes:

	Montante	Preparação das matérias	Produção	Acabamento	Testes de qualidade
Ordenados (1)	280 000 €	20%	40%	15%	25%
Eletricidade	85 000 €	25%	25%	25%	25%
Depreciações	48 000 €	20%	55%	20%	5%
Matérias indiretas	35 700 €	10%	45%	40%	5%
Outros	63 300 €	25%	20%	50%	5%

(1) Sobre os ordenados acrescem encargos de 35%.

e) Os *Cost drivers* das atividades são:

- Preparação das matérias — HM.
- Produção — HM.
- Acabamento — HM.
- Testes de qualidade — unidades produzidas.

f) A distribuição das HM é a seguinte:

Atividades	MI	MC	Total
Preparação das matérias	330	225	555
Produção	723	421	1144
Acabamento	159	193	352

Pretende-se a Demonstração dos Resultados utilizando o método ABC na repartição dos gastos indiretos.

Resolução:

Repartição primária:

Recursos	Preparação das matérias	Produção	Acabamento	Testes de qualidade
Ordenados (1)	75 600,00 €	151 200,00 €	56 700,00 €	94 500,00 €
Eletricidade	21 250,00 €	21 250,00 €	21 250,00 €	21 250,00 €
Depreciações	9600,00 €	26 400,00 €	9600,00 €	2400,00 €
Matérias indiretas	3570,00 €	16 065,00 €	14 280,00 €	1785,00 €
Outros	15 825,00 €	12 660,00 €	31 650,00 €	3165,00 €
Total	125 845,00 €	227 575,00 €	133 480,00 €	123 100,00 €

(1) 280 000 € x 1,35 x % de cada atividade

Repartição secundária:

Atividades	MI	MC
Preparação das matérias	74 826,76 € (1)	51 018,24 € (2)
Produção	143 825,81 € (3)	83 749,19 € (4)
Acabamento	60 293,52 € (5)	73 186,48 € (6)
Testes de qualidade	42 113,16 € (7)	80 986,84 € (8)
Total	321 059,25 €	288 940,75 €

(1) 125 845,00 / 555 x 330
(2) 125 845,00 / 555 x 225
(3) 227 575,00 / 1144 x 723
(4) 227 575,00 / 1144 x 421
(5) 133 480,00 / 352 x 159
(6) 133 480,00 / 352 x 193
(7) 123 100,00 / 22 800 x 7800
(8) 123 100,00 / 22 800 x 15 000

Custos dos objetos de custo:

	MI	MC
MP	1 747 200,00 €	1 875 000,00 €
MOD	2 574 000,00 €	990 000,00 €
GGF	321 059,25 €	288 940,75 €
CIP	4 642 259,25 €	3 153 940,75 €
QP	7800	15 000
CIPunit	595,16 €	210,26 €

Demonstração dos resultados:

	MI	MC	Total
Vendas	6 120 000,00 € (1)	3 770 000,00 € (2)	9 890 000,00 €
CIPV	4 552 985,03 € (3)	3 048 809,40 € (4)	7 601 794,43 €
Margem Bruta	1 567 014,97 €	721 190,60 €	2 288 205,57 €
MB (%)	25,60% (5)	19,13% (6)	23,14%

(1) 7650 x 800 €

(2) 14 500 x 260 €

(3) 7650 x 595,16

(4) 14 500 x 210,26

(5) 1 567 014,97 / 6 120 000,00

(6) 721 190,60 / 3 770 000,00

6. Bibliografia relevante do capítulo

Nabais, C., & Nabais, F. (2016). *Prática de Contabilidade Analítica e de Gestão.* Lidel.

Saraiva, A., Rodrigues, A. I., Coimbra, C., Fantasia, M., & Nunes, R. (2018). *Contabilidade de Gestão.* Edições Almedina.

CAPÍTULO VI
SISTEMAS DE CUSTEIO

O custo a afetar a um objeto de custo depende dos recursos que este utiliza e do método de tratamento dos custos fixos de produção escolhido. Os sistemas de custeio tradicionalmente usados para este efeito são: sistema de custeio total, sistema de custeio variável e sistema de custeio racional.

O sistema de custeio escolhido vai ter influência nos custos a afetar aos objetos de custo e, consequentemente, na valorização dos inventários e nos resultados obtidos.

Para se determinarem os custos industriais usando qualquer um destes sistemas de custeio, é necessário, em primeiro lugar, classificar todos os custos como sendo fixos ou variáveis. Esta classificação também ajuda o gestor a gerir melhor os custos, uma vez que têm comportamentos diferentes consoante a sua natureza.

Assim, este capítulo começa por explicar a diferença entre os custos fixos e os custos variáveis, e respetivos comportamentos. Posteriormente, apresentam-se e explicam-se cada um dos sistemas de custeio, terminado com uma análise comparativa.

1. Custos fixos *versus* custos variáveis

Os custos fixos, de estrutura ou de capacidade, são os custos inerentes à dotação da empresa com uma determinada capacidade produtiva. São aqueles que a empresa suporta para dispor de uma determinada capacidade produtiva, independentemente da utilização que faz dessa capacidade em cada momento. São, portanto, os custos que a empresa suporta para poder produzir.

Estes custos dependem da natureza e quantidade das operações realizáveis e não variam quando se altera o volume, dentro da capacidade instalada existente.

Os custos fixos totais (CF) apenas variam em função do aumento/diminuição da capacidade instalada, pelo que se considera que não variam.

Os custos fixos unitários (CFunit) variam na relação inversa da produção.

EXEMPLO:

CF = 200 000 €

(A) Produção = 50 000 => $CFunit = \frac{200\,000€}{50\,000} = 4\,€$

(B) Produção = 40 000 => $CFunit = \frac{200\,000€}{40\,000} = 5\,€$

Como se pode verificar a partir do exemplo, se a produção for superior (A), o custo fixo unitário será menor. De igual forma, se a produção for inferior (B), então o custo fixo unitário será superior.

Os custos variáveis, operacionais ou de atividade, relacionam-se com a medida e com as condições em que é utilizado o potencial disponível da empresa. São custos suportados por se produzir. Traduzem a natureza, a quantidade e a qualidade das operações realizadas. Variam diretamente com o nível de atividade.

São exemplos de custos variáveis o consumo das matérias-primas, as comissões pagas a vendedores e as horas extraordinárias pagas ao pessoal, entre outros.

Os custos variáveis podem ser:

- Proporcionais — se face a uma variação no volume os custos variam na mesma proporção.
- Progressivos — se variam mais que proporcionalmente relativamente às variações ocorridas no volume.
- Degressivos — se variam menos que proporcionalmente relativamente às variações ocorridas no volume.

Os custos variáveis totais (CV) variam em função direta da atividade da empresa.
Os custos variáveis unitários (CVunit), sendo proporcionais, mantêm-se fixos.

EXEMPLO:

CVunit = 15 €

(A) Produção = 50 000 => CV = 50 000 x 15 € = 750 000 €

(B) Produção = 40 000 => CV = 40 000 x 15 € = 600 000 €

Pelo exemplo, torna-se claro que um maior nível de produção (A) leva a mais custos variáveis, sendo que com um menor nível de produção (B), os custos variáveis serão menores.

No conjunto dos custos da empresa é possível ainda encontrar alguns que têm um comportamento misto com o nível de atividade, os chamados custos semifixos ou semivariáveis. São os casos dos custos com a energia elétrica e com a manutenção das máquinas. Independentemente do consumo de energia, a empresa paga um valor fixo mensal correspondente à taxa de potência — parte fixa do custo — e paga uma parte variável com o consumo, que é suposto variar com o nível de atividade — parte variável do custo. O tratamento contabilístico destes custos é realizado através da repartição da componente fixa e variável, adicionando a primeira aos custos fixos e a segunda aos custos variáveis.

Como já foi visto, o custo de produção de um produto ou serviço inclui três componentes: a matéria-prima, a mão-de-obra direta e os gastos gerais de fabrico. Contudo, estes custos também podem ser classificados como fixos ou variáveis, dependendo do seu comportamento relativamente ao nível de atividade.

2. Sistema de custeio total

No sistema de custeio total os custos de produção são considerados na totalidade como custos do período, independentemente de serem custos fixos ou variáveis. O CIP pode então ser calculado da seguinte forma:

$$CIP = CF + CV$$

Assim, o CIPA, calculado a partir do CIP, constitui um gasto dos produtos, servindo de base aos cálculos:

- Do CIPV — que será um gasto do período, na demonstração dos resultados.
- Dos inventários — na valorização dos inventários produzidos, mas não vendidos, nesse período, no balanço.

Os gastos não industriais são sempre considerados gastos do período.

Exemplo:

Em determinado mês, uma empresa apresentou as seguintes informações:

- Produção — 25 000 unid.
- Gastos fixos industriais — 100 000 €.
- Gastos variáveis industriais — 75 000 €.

- Gastos não industriais — 25 000 €.
- Vendas — 22 000 unidades a 8,50 €/unid.

Temos então:

CIP = 100 000 € + 75 000 € = 175 000 €

CIP unit = 175 000 € / 25 000 = 7,00 €

CIPV = 22 000 x 7,00 € = 154 000 € -> **Custo do período**

⬇

Demonstração dos Resultados

Inventário final = (25 000 - 22 000) x 7,00 € = 21 000 € -> **Custo do produto**

⬇

Balanço

A demonstração dos resultados será:

Rúbrica	**Valor**
Vendas	187 000 €
CIPV	154 000 €
Margem Bruta	33 000 €
Custos não industriais	25 000 €
Resultado Antes de Impostos	8000 €

3. Sistema de custeio variável

No sistema de custeio variável, apenas são considerados no cálculo do CIP os custos variáveis, da seguinte forma:

CIP = CV

Da mesma forma que no custeio total, o CIPA constitui um gasto dos produtos, servindo de base ao cálculo:

- Do CIPV — que será um gasto do período, na demonstração dos resultados.
- Dos inventários — na valorização dos inventários produzidos, mas não vendidos, nesse período, no balanço.

Os gastos não industriais são igualmente considerados gastos do período. Contudo, os custos fixos, por não terem sido incorporados nos produtos, também se constituem como custos do período (Custos Industriais Não Incorporados — CINI).

EXEMPLO:

Em determinado mês, uma empresa apresentou as seguintes informações:

- Produção — 25 000 unid.
- Gastos fixos industriais — 100 000 €.
- Gastos variáveis industriais — 75 000 €.
- Gastos não industriais — 25 000 €.
- Vendas — 22 000 unidades a 8,50 €/unid.

Temos então:

CIP = 75 000 €
CIP unit = 75 000 € / 25 000 = 3,00 €
CIPV = 22 000 x 3,00 € = 66 000 € -> **Custo do período**
E:
CINI = 100 000 € -> **Custo do período**

↓

Demonstração dos Resultados

Inventário final = (25 000 − 22 000) x 3,00 € = 9000 € -> **Custo do produto**

↓

Balanço

A demonstração dos resultados será:

Rúbrica	Valor
Vendas	187 000 €
CIPV	66 000 €
CINI	100 000 €
Margem Bruta	21 000 €
Custos não industriais	25 000 €
Resultado Antes de Impostos	(4000 €)

4. Sistema de custeio racional

Por último, no sistema de custeio racional, os gastos a afetar ao CIP são os custos variáveis e, dos custos fixos, apenas é considerada a parte correspondente à capacidade produtiva utilizada na produção.

Da mesma forma que nos sistemas de custeio anteriores, o CIPA constitui um gasto dos produtos, servindo de base ao cálculo:

$$CIP = CF \times (QR / QN) + CV$$

- Do CIPV — que será um gasto do período, na demonstração dos resultados.
- Dos inventários — na valorização dos inventários produzidos, mas não vendidos, nesse período, no balanço.

Os gastos não industriais continuam sempre gastos do período. Contudo, será igualmente considerada como gastos do período, neste caso um gasto da inatividade, a parte dos custos fixos relativos à capacidade instalada e não utilizada.

Exemplo:

Em determinado mês, uma empresa apresentou as seguintes informações:

- Produção real — 25 000 unid.
- Produção normal — 40 000 unid.
- Gastos fixos industriais — 100 000 €.
- Gastos variáveis industriais — 75 000 €.
- Gastos não industriais — 25 000 €.
- Vendas — 22 000 unidades a 8,50 €/unid.

Temos então:

CIP = 100 000 € x (25 000 / 40 000) + 75 000 € = 137 500 €

CIP unit = 137 500 € / 25 000 = 5,50 €

CIPV = 22 000 x 5,50 € = 121 000 € -> **Custo do período**

E:

CINI = 100 000 € - 100 000 € x (25 000 / 40 000) = 37 500 € -> **Custo do período**

↓

Demonstração dos Resultados

Inventário final = (25 000 – 22 000) x 5,50 € = 16 500 € -> **Custo do produto**

Balanço

A demonstração dos resultados será:

Rúbrica	**Valor**
Vendas	187 000 €
CIPV	121 000 €
CINI	37 500 €
Margem Bruta	28 500 €
Custos não industriais	25 000 €
Resultado Antes de Impostos	3500 €

5. Análise comparativa dos resultados nos sistemas de custeio

Ao comparar os resultados obtidos em cada um dos sistemas de custeio, no exemplo, verificamos que são diferentes, fruto do tratamento diferenciado dos custos fixos:

Demonstração dos resultados:

Rúbrica	**SCT**	**SCV**	**SCR**
Vendas	187 000 €	187 000 €	187 000 €
CIPV	154 000 €	66 000 €	121 000 €
CINI	---	100 000 €	37 500 €
Margem Bruta	33 000 €	21 000 €	28 500 €
Custos não industriais	25 000 €	25 000 €	25 000 €
Resultado Antes de Impostos	8000 €	(4000 €)	3500 €

O SCT é o que apresenta maior resultado antes de impostos. Isto porque, ao repartir os CF por toda a produção, apenas incorpora nos custos do mês os CF respeitantes aos produtos vendidos. Os restantes CF estão imputados à produção que fica em armazém no final do mês, portanto, serão imputados apenas aos custos do mês do período em que forem vendidos.

No SCV, os CF não são incorporados nos produtos, sendo sempre considerados custos do mês na totalidade. Assim, apesar de o CIPV ser o menor dos três sistemas de custeio, este custo apenas engloba os CV. A afetação da totalidade dos CF ao mês vai aumentar os custos e, consequentemente, diminuir os resultados. É neste sistema de custeio que encontramos os resultados mais reduzidos.

Por último, no SCR, os resultados são intermédios quando comparados com os restantes sistemas. Neste sistema considera-se que a parte dos CF respeitante ao não aproveitamento da capacidade existente deve ser afeta ao mês. Assim, ao incorporar nos produtos apenas a parte correspondente à produção efetiva, o CIPV engloba unicamente uma parte dos CF, pelo que o CIPV ficará superior ao SCV, mas inferior ao SCT. No entanto, afetar ao mês a parte dos CF não incorporada nos produtos leva a uma margem bruta superior ao SCV, mas inferior ao SCT.

Quanto aos custos variáveis, não influenciam a diferença dos resultados, uma vez que têm igual tratamento nos três sistemas de custeio, sendo considerados, na totalidade, custos dos produtos.

6. Estudo de casos

Caso prático n.º 1

A Doçaria Portuguesa, S.A. produz uma grande diversidade de doces de frutas. No passado mês esteve a produzir apenas doce de abóbora (frascos) e marmelada (embalagens). Das fichas padrão obteve a informação seguinte:

	UF	C. Unit.	Doce de abóbora	Marmelada
1 - Matérias-Primas:				
Açúcar	Kg	0,85	0,40	0,80
Abóboras	Kg	0,25	0,22	---
Marmelos	Kg	0,30	---	0,20
Diversos	€	---	0,12	0,17
2 - MOD	HH	4,50	0,15	0,20
3 - GGF	€	---	0,18	0,22

No mês em causa, a fábrica produziu 35 000 frascos de doce de abóbora e 28 700 embalagens de marmelada.

Os consumos industriais do mês foram:

1. Matérias-primas	
Açúcar (37 160 kg)	33 450 €
Abóboras	1925 €
Marmelos	1700 €
Diversos	9000 €
2. MOD (10 395 horas)	49 900 €
3. Gastos gerais de fabrico	12 850 €

As vendas no mês foram de 32 700 frascos de doce de abóbora por 2,80 €/unid. e 25 500 embalagens de marmelada por 3,20 €/unid. Os custos não industriais totalizaram 20 300 €.

Pretende-se:

a) A ficha de custo padrão de cada caixa.
b) Os desvios dos custos da produção do mês.
c) A análise dos desvios dos custos de produção.
d) A Demonstração dos Resultados do mês.

Resolução:

a) A ficha de custo padrão de cada caixa

Ficha de custo padrão: Doce de abóbora

Denominação	U.F.	Custo unit.	Quantidade	CT
1. MP				
Açúcar	Kg	0,85	0,40	0,34
Abóboras	Kg	0,25	0,22	0,06
Marmelos	Kg	0,30	---	---
Diversos	€	---	0,12	0,12
2. MOD	HH	4,50	0,15	0,68
3. GGF	€	---	0,18	0,18
3. Custo padrão industrial				1,37

Ficha de custo padrão: Marmelada

Denominação	U.F.	Custo unit.	Quantidade	CT
1. MP				
Açúcar	Kg	0,85	0,80	0,68
Abóboras	Kg	0,25	---	---
Marmelos	Kg	0,30	0,20	0,06
Diversos	€	---	0,17	0,17
2. MOD	HH	4,50	0,20	0,90
3. GGF	€	---	0,22	0,22
4. Custo padrão industrial				2,03

b) Os desvios dos custos da produção do mês

1. Custos industriais do mês	
MP	
Açúcar	33 450,00
Abóboras	1925,00
Marmelos	1700,00
Diversos	9000,00
MOD	49 900,00
GGF	12 850,00
Total 1	**108 825,00**
2. Custo padrão ajustado	
Doce de abóbora	47 950,00
Marmelada	58 261,00
Total 2	**106 211,00**
3. Desvio (1-2)	**2614,00**

→ Desvio desfavorável

c) A análise dos desvios dos custos de produção

	C. real	C. Padrão ajust.	Desvio	%
MP				
Açúcar	33 450,00	31 416,00	**2034,00**	6,47%
Abóboras	1925,00	1925,00	**0,00**	0,00%
Marmelos	1700,00	1722,00	**-22,00**	-1,28%
Diversos	9000,00	9079,00	**-79,00**	-0,87%
MOD	49 900,00	49 455,00	**445,00**	0,90%
GGF	12 850,00	12 614,00	**236,00**	1,87%
Total	108 825,00	106 211,00	**2614,00**	2,46%

Açúcar:

Desvio de preço = (0,9 – 0,85) x 37 160 = 1864,00 €

Desvio de quantidade = (37 160 – 36 960) x 0,85 = 170,00 €

Desvio total do açúcar = 1864 + 170 = **2034,00**

MOD:

Desvio de preço = (4,8 – 4,5) x 10 395 = 3122,5 €

Desvio de quantidade = (10 395 – 10 990) x 4,50 = -2677,50 €

Desvio total da MOD = **445,00 €**

d) A Demonstração dos Resultados do mês

	Doce de Abóbora	Marmelada	Total
Vendas	91 560	81 600	173 160,00
CIPV	44 799,00	51 765,00	96 564,00
Desvios			-2614,00
Margem bruta	46 761,00	29 835,00	73 982,00
Custos não industriais			20 300,00
RAI			53 682,00

Caso prático n.º 2

A Cookies, Lda. é uma empresa industrial e comercial do ramo alimentar. Produziu no passado mês 30 000 caixas de bolachas.

Sabe-se que:

- A capacidade de produção normal é de 40 000 caixas/mês.
- O preço de venda foi de 20 €/caixa.
- Não havia inventário inicial de produtos acabados.
- A empresa teve a estrutura de custos que de seguida se indica:

Os custos industriais foram:

- Matérias-primas: 80 000 €.
- MOD: (variável): 36 000 €.
- GGF: (variáveis): 45 000 €.
- GGF (Fixos): 265 000 €.

Os custos comerciais variáveis foram de 33 600 €.

Os custos fixos não industriais foram de:

- Comerciais: 10 800 €.
- Administrativos: 18 100 €.
- Financeiros: 8100 €.

As vendas foram de 28 000 caixas.

Pretende-se que elabore as Demonstrações de Resultados do mês com base:

1. No Sistema de Custeio Total.
2. No Sistema de Custeio Variável.
3. No Sistema de Custeio Racional.

Resolução:

Antes de resolver pelos sistemas de custeio, devem-se calcular os CF e os CV da produção:

- CF = 265 000 €
- CV = 80 000 € + 36 000 € + 45 000 € = 161 000 €

1. No Sistema de Custeio Total

   Demonstração de Resultados:

Rúbrica	Valor
Vendas (1)	560 000 €
CIPV (2)	397 600 €
Margem Bruta (3)	162 400 €
Custos administrativos	18 100 €
Custos de distribuição (4)	44 400 €
Custos financeiros	8100 €
Resultado Antes de Impostos (5)	91 800 €

(1) 28 000 x 20 € = 560 000 €

(2) CIP = 265 000 € + 161 000 € = 426 000 €

CIPunit = 426 000 € / 30 000 = 14,20 €

CIPV = 28 000 x 14,20 € = 397 600 €

(3) 560 000 € - 397 600 € = 162 400 €

(4) 33 600 € + 10 800 € = 44 400 €

(5) 162 400 € - 18 100 € - 44 400 € - 8100 € = 91 800 €

2. No Sistema de Custeio Variável

   Demonstração de Resultados:

Rúbrica	Valor
Vendas (1)	560 000 €
CIPV (2)	150 360 €
CINI	265 000 €
Margem Bruta (3)	144 640 €
Custos administrativos	18 100 €
Custos de distribuição (4)	44 400 €
Custos financeiros	8100 €
Resultado Antes de Impostos (5)	74 040 €

(1) 28 000 x 20 € = 560 000 €

(2) CIP = 161 000 €

CIPunit = 161 000 € / 30 000 = 5,37 €

CIPV = 28 000 x 5,37 € = 150 360 €

(3) 560 000 € - 150 360 € - 265 000 € = 144 640 €

(4) 33 600 € + 10 800 € = 44 400 €

(5) 144 640 € - 18 100 € - 44 400 € - 8100 € = 74 040 €

3. No Sistema de Custeio Racional

Demonstração de Resultados:

Rúbrica	Valor
Vendas (1)	560 000 €
CIPV (2)	335 720 €
CINI (3)	66 250 €
Margem Bruta (4)	158 030 €
Custos administrativos	18 100 €
Custos de distribuição (5)	44 400 €
Custos financeiros	8100 €
Resultado Antes de Impostos (6)	87 430 €

(1) 28 000 x 20 € = 560 000 €

(2) CIP = 161 000 € + 265 000 € / 40 000 x 30 000 = 359 750 €
CIPunit = 359 750 € / 30 000 = 11,99 €
CIPV = 28 000 x 11,99 € = 335 720 €

(3) 265 000 € – 265 000 € / 40 000 x 30 000 = 66 250 €

(4) 560 000 € – 335 720 € – 66 250 € = 158 030 €

(5) 33 600 € + 10 800 € = 44 400 €

(6) 158 030 € – 18 100 € – 44 400 € – 8100 € = 87 430 €

7. Bibliografia relevante do capítulo

Martins, A. L. (2017). *Contabilidade de Gestão nas Administrações Públicas*. Rei dos Livros.

Saraiva, A., Rodrigues, A. I., Coimbra, C., Fantasia, M., & Nunes, R. (2018). *Contabilidade de Gestão – Cálculo de custos e valorização de inventários*. Edições Almedina.

CAPÍTULO VII
O CUSTEIO VARIÁVEL E A TOMADA DE DECISÃO

No custeio variável, os custos variáveis são analisados separadamente dos custos fixos. Os custos variáveis estão relacionados com o nível de atividade, variam em função das unidades produzidas e vendidas, como já foi descrito no Capítulo VI. Os custos fixos ou de estrutura estão relacionados com a estrutura da empresa, isto é, são relativos à utilização de recursos que possuem alguma estabilidade. É de referir que existem também custos que são designados semivariáveis, ou seja, existe uma componente fixa e uma componente variável, sendo necessário separar os custos fixos dos variáveis. Como os custos têm comportamentos diferentes, esta desagregação facilita as tomadas de decisão assim como a perceção das contribuições de cada segmento. A informação está mais desagregada existindo uma melhoria de informação para apoiar os gestores, permitindo o desenvolvimento de modelos de análise relacionados com a rendibilidade e com o risco.

1. O modelo custo-volume-resultado (CVR)

O modelo custo-volume-resultado assenta em diversos pressupostos, pelo que as conclusões retiradas só são válidas no curto prazo e se os pressupostos se verificarem.

Usualmente assumem-se os seguintes pressupostos:

- Os custos variáveis totais são proporcionais ao nível de atividade dentro de um determinado intervalo de relevância;
- O comportamento das vendas e dos custos é linear em relação ao nível de atividade dentro do intervalo relevante;
- Os custos fixos totais são constantes num determinado intervalo relevante;
- O preço de venda é constante e idêntico para todas as unidades vendidas;
- É possível separar os custos em custos fixos e custos variáveis;
- Não ocorrem alterações de eficiência no período considerado, nem as técnicas ou políticas de gestão produzem efeitos nos custos;

- Existe produção/venda de apenas um produto ou, no caso de existir mais do que um produto, o peso relativo das vendas de cada produto nas vendas globais permanece constante.

Este modelo espelha o cálculo do resultado (R), que é igual à diferença entre as vendas e os custos totais (custos fixos totais + custos variáveis totais).

$$R = V - CT = V - CVt - CFt$$

Esta metodologia permite uma análise dinâmica, tendo diversas aplicações: fixação de preços de produtos/serviços; lançamento de novos produtos/serviços; substituição de algum ativo fixo tangível; tomar decisões acerca da subcontratação de produtos ou serviços; análises de sensibilidade.

E também possibilita a realização de análises de sensibilidade, através das quais existe a possibilidade de alterar algum pressuposto que tenha sido definido, permitindo investigar de modo a verificar as consequências que poderá trazer para a sua empresa.

2. A margem de contribuição

A margem de contribuição é um conceito muito relevante para a análise em questão. Para o seu cálculo é necessário classificar os custos em fixos e em variáveis. A margem de contribuição pode ser calculada sob três modalidades: como um montante total, como um montante unitário ou como um rácio/percentagem das vendas.

A margem de contribuição total (MCt) é a diferença entre o valor das vendas (V) e os custos variáveis totais (CVt). Pode, também, ser obtida pela multiplicação da margem de contribuição unitária pelo número de unidades vendidas.

$$MCt = V - CVt \text{ ou } MCt = MCu \times \text{número de unidades vendidas}$$

A margem de contribuição permite a cobertura dos custos fixos e o restante é o lucro de uma empresa. Quando a margem de contribuição é igual aos custos fixos, o resultado é igual a zero, a empresa não tem prejuízo nem lucro.

A margem de contribuição unitária (MCu) é igual à divisão da margem de contribuição total pelo número de unidades vendidas ou à diferença entre o preço de venda (PV) e o custo variável unitário (CVu).

$$MCu = PV - CVu \text{ ou } MCu = \frac{MCt}{\text{número de unidades vendidas}}$$

A margem de contribuição unitária mensura o aumento do resultado por cada unidade vendida. Por outras palavras, a variação do resultado é igual ao produto da variação das unidades vendidas pela margem de contribuição unitária.

O rácio da margem de contribuição (RMC) pode ser também designado margem de contribuição em percentagem. O seu cálculo pode ser efetuado em termos totais ou em termos unitários.

$$RMC = \frac{MCt}{\text{Vendas}} \times 100 = \frac{MCu}{PV} \times 100$$

O rácio da margem de contribuição é especialmente vantajoso quando, no cálculo do ponto crítico das vendas, não se conhece o preço de venda nem o custo variável unitário. Também permite determinar o impacto nos resultados operacionais de um acréscimo ou decréscimo no volume de vendas.

A percentagem encontrada significa que o valor percentual de cada euro vendido está disponível para o reembolso dos custos fixos e para a obtenção de resultados.

Numa empresa com diversidade de produtos/serviços, existem várias margens de contribuição, logo, o desaparecimento de um produto/serviço implica o desaparecimento dessa margem de contribuição.

3. Ponto crítico das vendas em produto único

Restringindo o modelo custo-volume-resultado para um resultado igual a zero, obtém-se o ponto crítico das vendas (também denominado ponto de equilíbrio das vendas ou ponto morto das vendas). É o ponto em que as vendas são iguais aos custos totais, por outras palavras, é o ponto em que o resultado é igual a zero, não existindo lucro nem prejuízo. O ponto crítico pode ser expresso de duas formas: em quantidade e em valor. Em quantidade, obtém-se as unidades a vender para que o resultado se iguale a zero.

Para este cálculo um dos pressupostos do modelo custo-volume-resultado não pode ser esquecido, ou seja, os custos têm de ser desagregados em fixos e variáveis.

Para qualquer empresa, o objetivo de atingir o ponto crítico não é final, mas sim intermédio, pois as empresas pretendem gerar lucro. Contudo, é essencial uma empresa conhecer este ponto, para saber a partir de que nível de quantidades vendidas inicia a obtenção de lucro.

Desenvolvendo a expressão do modelo custo-volume-resultado e assumindo um resultado igual a zero, obtém-se a fórmula do ponto crítico das vendas em quantidade. Sendo CT custo total, e CFt custo fixo total.

$$V - CT = V - CVt - CFt = 0$$

Sabendo que V = Q × PV e que CV = Q × CVu e considerando que Q* representa o ponto crítico das vendas em quantidade, então:

$$Q^* \times PV - Q^* \times CVu - CFt = 0$$

$$Q^* = \frac{CFt}{PV - CVu}$$

Esta fórmula apenas pode ser utilizada quando existe um único produto ou para o cálculo de cada produto isoladamente, sendo necessário, deste modo, que os custos fixos sejam distribuídos pelos vários produtos/serviços. Existe também a possibilidade de um preço médio e de um custo variável médio, quando existe uma diversidade de produtos ou serviços.

O ponto crítico das vendas em quantidade é o quociente entre os custos fixos totais e a margem de contribuição unitária e deve ser sempre arredondado por excesso. A apresentação do ponto crítico deve adequar-se ao tipo de empresa em questão, por exemplo, na hotelaria, existe a possibilidade de calcular a taxa de ocupação crítica.

O ponto crítico das vendas também pode ser expresso em valor e é representado por V*. Uma forma muito simples de obter o ponto crítico das vendas em valor consiste em multiplicar o ponto crítico em quantidade pelo preço de venda.

$$V^* = Q^* \times PV$$

Quando não é conhecido o preço de venda nem o custo variável unitário nem as unidades vendidas, é necessário utilizar o rácio da margem de contribuição, e poderá ser utilizada uma das seguintes fórmulas.

$$V^* = \frac{CFt}{1 - \frac{CVt}{V}}$$

$$V^* = \frac{CFt}{\frac{MCt}{V}}$$

$$V^* = \frac{CFt}{\frac{MCu}{PV}}$$

O ponto crítico das vendas pode ser calculado e apresentado graficamente (Figura 7.1.), em que o eixo horizontal (eixo das abcissas) indica as quantidades vendidas e o eixo vertical (eixo das ordenadas) mostra os valores em euros, tanto em relação aos rendimentos como em relação aos gastos. As escalas iniciam-se no zero. O custo fixo é representado em primeiro lugar, sendo uma reta paralela ao eixo horizontal. O ponto onde se cruzam as duas retas (vendas e custos totais) é o ponto crítico das vendas. O ponto crítico das vendas em quantidades encontra-se no eixo das abcissas, o ponto crítico das vendas em valor está no eixo das ordenadas. À diferença entre a reta dos custos totais e das vendas que se encontra do lado direito do ponto crítico chamamos lucro; à diferença entre a reta dos custos totais e das vendas que se situa do lado esquerdo do ponto crítico chamamos prejuízo.

FIGURA 7.1. – PONTO CRÍTICO DAS VENDAS

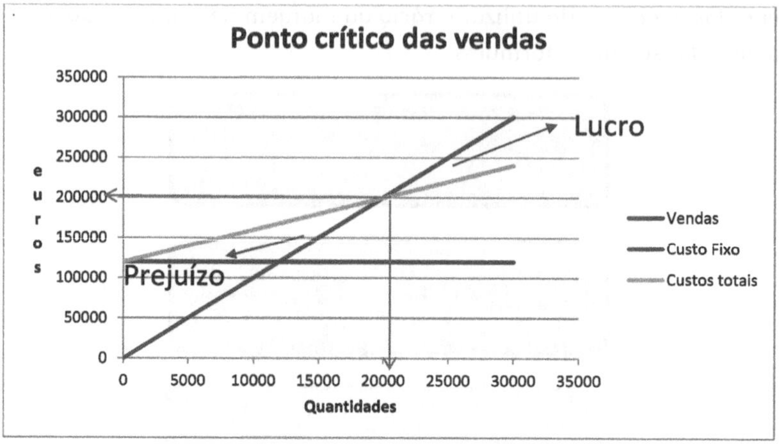

Fonte: Elaboração própria.

A fórmula utilizada para o cálculo do ponto crítico pode ser modificada, permitindo o cálculo das quantidades necessárias para atingir um determinado resultado antes de impostos. Deste modo, no modelo da análise custo-volume-resultado, em vez de igualarmos o resultado a zero, colocaremos o resultado desejado, donde se obtêm as seguintes fórmulas:

$$Qd = \frac{CFt + R}{PV - CVu}$$

Onde Qd é a quantidade desejada e Vd as vendas desejadas.

$$Vd = \frac{CFt + R}{\frac{MCt}{V}}$$

As empresas lucrativas estão sujeitas a IRC, logo, este também deve ser considerado no cálculo do ponto crítico das vendas. Se for fixado um resultado líquido (RL), então será necessário calcular um resultado antes de impostos (RAI).

$$RAI = \frac{RL}{(1 - IRC)}$$

A fórmula do ponto crítico permite a realização de diversas análises de sensibilidade. Assim, pode ser utilizada para verificar qual o acréscimo de vendas necessário para cobrir um aumento nos custos fixos ou nos custos variáveis.

O ponto crítico das vendas também pode ser calculado em dias de vendas, mas esta situação só é possível quando existe uniformidade das vendas ao longo do ano, por conseguinte, em empresas sazonais esta situação não é possível. Nalgumas empresas, existe a possibilidade de cálculo da taxa de ocupação crítica, sendo possível, por exemplo, na indústria hoteleira, em clínicas de saúde, em parques temáticos, etc.

Exemplo:

O hotel UM é considerado um pequeno hotel, a sua atividade é apenas o alojamento. O custo fixo anual é de 210 000 €, o preço de venda de cada quarto é de 50 € e o custo variável unitário é de 13 €. Qual o ponto crítico das vendas em quantidade e em valor? Represente graficamente.

$$Q^{*}=\frac{CFt}{PV-CVu}=\frac{210\,000}{50-13}\cong 5676$$

$$V^{*} = 5676 \times 50\text{ €} = 283\,800\text{ €}$$

Terá de vender 5676 quartos para atingir o ponto crítico vendas. As suas vendas em euros terão de ascender a 283 800 €.

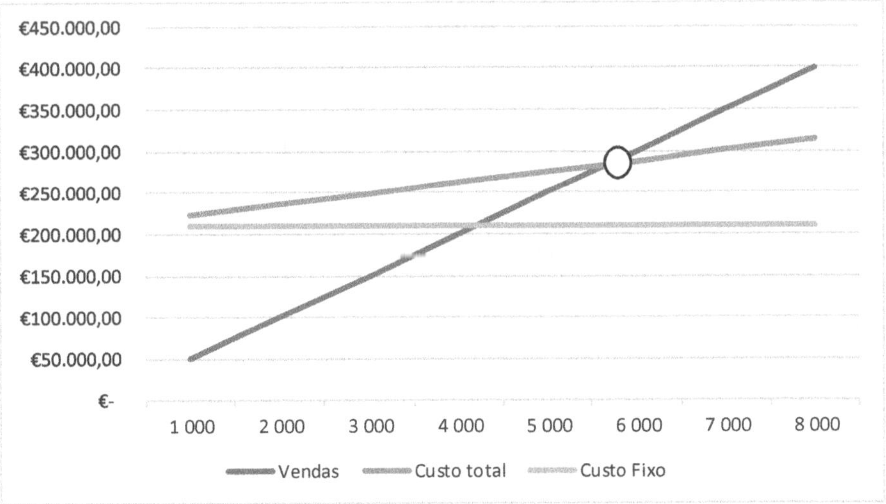

Suponha que o hotel UM quer obter um resultado de 90 000 € durante o ano N. Quantos quartos tem de vender?

$$Qd = \frac{CFt + R}{PV - CVu} = \frac{210\,000 + 90\,000}{50 - 13} \cong 8109$$

Para obter um resultado de 90 000 €, terá de vender 8109 quartos.

EXEMPLO:

Quando uma empresa apenas nos apresenta a demonstração dos resultados, como calculamos o ponto crítico das vendas? Neste caso, não possuímos preço de venda, custo variável unitário nem quantidades vendidas, logo, só existe a possibilidade de calcular o ponto crítico das vendas em valor.

A empresa TRÊS apresentou a seguinte demonstração dos resultados com o objetivo de calcular o ponto crítico das vendas em valor.

Vendas	100 000 €
Custos variáveis	30 000 €
Margem de contribuição	70 000 €
Custos fixos	20 000 €
Resultado	50 000 €

Através da fórmula seguinte, é possível o cálculo do ponto crítico das vendas em valor:

$$V^* = \frac{CFt}{\frac{MCt}{V}} = \frac{20\,000}{\frac{70\,000}{100\,000}} \cong 28\,571{,}43\ €$$

As vendas terão de acender a 28 571,43 € para que o seu resultado seja igual a zero. Neste momento, a empresa em questão encontra-se acima do ponto crítico das vendas.

4. PONTO CRÍTICO DAS VENDAS EM MÚLTIPLOS PRODUTOS

A maior parte das empresas comercializa uma panóplia de produtos/serviços, pelo que a afetação dos custos fixos a cada produto/serviço é árdua e complicada, porquanto os custos fixos estão associados à estrutura da empresa, não sendo identificados individualmente com cada produto/serviço. Os custos fixos, ao serem afetados, sê-lo-iam de forma arbitraria, implicando que os resultados obtidos não sejam fidedignos.

Para calcular o ponto crítico existem duas hipóteses: ou é calculado um preço de venda médio e um custo variável médio do conjunto de produtos ou serviços como se fosse um só produto; ou recorre-se ao *mix* das vendas (percentagem vendida de cada produto em relação ao total das vendas), considerando o pressuposto já atrás indicado em que o *mix* das vendas se mantém constante, ou seja, os pesos relativos das vendas dos produtos nas vendas globais não se modificam.

O ponto crítico das vendas em valor pode ser calculado com base no rácio da margem de contribuição.

$$V^* = \frac{CFt}{\frac{MCt}{V}}$$

Aplicando-se, posteriormente, o *mix* de vendas para calcular o ponto crítico das vendas em valor respetivamente a cada produto/serviço.

$$Va^* = \%mix \times V^* \text{ e } Vb^* = \%mix \times V^*$$

Se forem facultados preços médios e custos médios por produto/serviço, poderá ser utilizada uma fórmula alternativa, a qual permite o cálculo das quantidades.

$$MCt1 \times Q^*1 + MCt2 \times Q^*2 - CF = 0$$

Exemplo:

O restaurante DOIS, Lda. oferece dois tipos de sandes: simples e mistas. Disponibilizou a seguinte informação: custos fixos = 250 000 €.

	Preço de venda	Custo variável unitário	*Mix* de vendas em quantidade
Simples	2,00 €	0,85 €	40%
Mistos	3,50 €	1,20 €	60%

Para calcular o ponto crítico das vendas em quantidade e valor, pretende-se determinar quantas sandes simples e quantas sandes mistas temos de vender.

$MCt1 \times Q^*1 + MCt2 \times Q^*2 - CF = 0$
$(2 - 0{,}85) \times Q^*s + (3{,}5 - 1{,}2) \times Q^*m - 250\,000 = 0$
$1{,}15 \times 0{,}4Q^* + 2{,}30 \times 0{,}6Q^* = 250\,000$
$Q^* = 135\,870$
$Q^*s = 135\,870 \times 0{,}4 = 54\,348$
$Q^*m = 135\,870 \times 0{,}6 = 81\,522$
$V^*s = 54\,348 \times 2 = 108\,696$ €
$V^*m = 41\,522 \times 3{,}5 = 285\,327$ €

Se quiser obter um resultado de 3000 €, quantas sandes terá de vender?
$(2 - 0{,}85) \times Q^*s + (3{,}5 - 1{,}2) \times Q^*m - 250\,000 = 3000$
$Q^* = 137\,500$
$Q^*s = 137\,500 \times 0{,}4 = 55\,000$
$Q^*m = 137\,500 \times 0{,}6 = 82\,500$

5. Margem de segurança em produto único e em múltiplos produtos

A margem de segurança (MS) mede a distância das vendas reais ou estimadas em relação ao ponto crítico das vendas. Determina o excedente de vendas em relação ao ponto crítico. Pode ser apresentada em quantidade, em valor e em termos percentuais. Porém, a margem de segurança em percentagem é a mais usada, pois, sendo uma medida relativa, permite a comparação com outras empresas e com a média do sector em questão. A fórmula seguinte transmite a informação de quanto é que a empresa está acima do ponto crítico, em termos percentuais.

$$MS = \frac{Q - Q^*}{Q^*} \times 100 = \frac{V - V^*}{V^*} \times 100$$

Se o objetivo for determinar quanto poderá ser a redução das vendas, de modo a que a empresa não tenha prejuízo, a fórmula poderá ser expressa de outro modo.

$$MS = \frac{Q - Q^*}{Q} \times 100 = \frac{V - V^*}{V} \times 100$$

A margem de segurança deve ser sempre arredondada por defeito. Esta é um indicador de risco operacional; quanto maior ela for, menor será o risco para a empresa, menor a sua vulnerabilidade face a variações na procura, já que o ponto crítico está afastado do volume de vendas. A margem de segurança pode ser calculada ao dia. Se o cálculo da margem de segurança for efetuado ao mês, é uma questão de dividir o resultado pelo número de dias. O risco operacional é influenciado pela estrutura de custos de uma empresa, isto é, quanto maiores os custos fixos, mais elevado é o risco operacional.

Uma margem de segurança elevada significa que o risco operacional é baixo, e, deste modo, a empresa em questão é de baixo risco, sendo menos vulnerável na medida em que o ponto crítico está distante das vendas. Uma margem de segurança reduzida implica um risco operacional elevado, uma empresa nesta situação tem um risco elevado, visto que o ponto crítico pouco se distancia das vendas esperadas e, por conseguinte, as variações negativas na procura e nos preços de venda, assim como os agravamentos nos seus custos, podem colocá-la em situação de prejuízo.

Exemplo:

Considerando o exercício do hotel UM, calcule a margem de segurança pressupondo que as vendas do hotel relativamente ao ano N são iguais a 8200 quartos ou, em termos de vendas, iguais a 410 000 €.

$$MS = (Q - Q^*) / (Q^*) \times 100 = (8200 - 5676) / (5676) \times 100 = 44,46\%$$
$$MS = (V - V^*) / (V^*) \times 100 = (410\,000 - 283\,800) / (283\,800) \times 100 = 44,46\%$$

Como podemos verificar, a utilização da fórmula é indiferente pois dá o mesmo resultado. Este hotel é de baixo risco, uma vez que a margem de segurança é relativamente elevada.

6. Estudo de casos

Caso prático n.º 1

A agência de viagens Cabo Verde, Lda. vende apenas um pacote turístico «Ilha de Santiago — 7 noites». O preço de cada pacote turístico é de 524 €. O custo variável por cada pacote turístico (hotel + refeições + transporte) é de 424 €. A empresa Cabo Verde, Lda. tem por ano 40 000 € de custos fixos.

a) Quantos pacotes turísticos a empresa tem de vender para atingir o ponto crítico das vendas? Apresente a resposta em quantidade e em valor.
b) Se quiser obter um resultado de 10 000 €, quantos pacotes turísticos terá de vender?

Resolução:

a)

Tendo em conta os dados fornecidos, é suficiente aplicar a fórmula na resolução:

Q* = CFt / (PV – CVu) = 40 000 / (524 – 424) = 400

V* = Q* x PV = 400 x 524 € = 209 600 €

O ponto crítico das vendas é atingido se a agência de viagens vender 400 pacotes turísticos, ou atingir um valor de vendas igual a 209 600 €.

b)

Qd x PV – Qd x CVu – Custo fixo = Resultado

Qd x 524 – Qd x 424 – 40 000 = 10 000

Qd = 500

Terá de vender 500 pacotes turísticos.

Caso prático n.º 2

A empresa Sete dedica-se à fabricação de leques. Referente ao ano de 2020, temos disponíveis os seguintes dados:

Custos fixos:

Se a produção for maior que 10 000 unidades = 200 000 €

Se a produção for menor que 10 000 unidades = 100 000 €

Custo variável unitário = 10 €

Preço = 15 €

Qual o ponto crítico das vendas em quantidade?

Resolução:

Se as vendas são inferiores a 10 000 unidades:

$$Q^* = \frac{CFt}{PV - CVu} = \frac{100\ 000}{15 - 10} \cong 20\ 000$$

Ponto crítico das vendas impossível, pois este custo fixo só permite a produção até 10 000 unidades.

Se as vendas são superiores a 10 000 unidades:

$$Q^{*} = \frac{CFt}{PV - CVu} = \frac{200\ 000}{15 - 10} \cong 40\ 000$$

Nesta empresa, apesar de existirem dois custos fixos, só um ponto crítico é válido. O ponto crítico das vendas é igual a 40 000 unidades.

Caso prático n.º 3

A empresa Seis Lda. vende três produtos e apresenta os seguintes valores:

	Produto 1	Produto 2	Produto 3	Total
Quantidades vendidas	20 000	40 000	10 000	70 000
Preço Venda	5,00 €	1,00 €	6,00 €	-
Custo Variável Unitário	3,00 €	0,50 €	5,00 €	-
Custos Fixos	-	-	-	60 000,00 €

a) Calcule a margem de contribuição total.

b) Calcule o ponto crítico das vendas em valor na totalidade e o valor correspondente a cada produto.

c) Calcule o ponto crítico das vendas em quantidade na totalidade e o valor correspondente a cada produto.

Resolução:

a)

Cálculo da margem de contribuição total:

	Produto 1	Produto 2	Produto 3	Total
Vendas	100 000	40 000	60 000	200 000
Custo Variável	60 000	20 000	50 000	130 000
Margem Contribuição	40 000	20 000	10 000	70 000

Cálculo do ponto crítico das vendas em valor:

Rácio da margem de contribuição total

$$\frac{MCt}{V} = \frac{70\ 000}{200\ 000} \cong 0{,}35$$

$$V^* = \frac{CFt}{\frac{MCt}{V}} = \frac{60\,000}{0{,}35} \cong 171\,428{,}57\ €$$

b)

Para calcular o ponto crítico em valor de cada produto é necessário calcular a percentagem das vendas de cada produto em relação ao total:

Vendas produto 1 = 100 000 € que corresponde a 50% das vendas totais

Vendas produto 2 = 40 000 € que corresponde a 20% das vendas totais

Vendas produto 3 = 60 000 € que corresponde a 30% das vendas totais

V*1 = 0,5 x 171 428,57 = 85 714,29 €
V*2 = 0,2 x 171 428,57 = 34 285,71 €
V*3 = 0,3 x 171 428,57 = 51 428,57 €

c)

Cálculo do ponto crítico das vendas em quantidade:

Podemos fazer de dois modos. Considerando que já calculámos em valor, é suficiente dividir pelo preço que já obtemos em quantidade:

$$Q^*\ P1 = \frac{85\,714{,}29}{5} = 17\,143$$

$$Q^*\ P2 = \frac{34\,285{,}71}{1} = 34\,286$$

$$Q^*\ P3 = \frac{51\,428{,}57}{6} = 8571$$

Ou utilizamos a fórmula do ponto crítico em quantidades atrás mencionada quando estamos na presença do *mix* de vendas:

MC1 x Q1* + MC2 x Q2* + MC3 x Q3* – CF = 0

(5 – 3) x Q1* + (1 – 0,5) x Q2* + (6 – 5) x Q3* = 60 000

Calculando o peso de cada produto em relação às quantidades vendidas totais, obteve-se a seguinte relação:

Quantidades produto 1 = 20 000 que corresponde a 28,57% das quantidades totais

Quantidades produto 2 = 40 000 que corresponde a 57,14% das quantidades totais

Quantidades produto 3 = 10 000 que corresponde a 14,29% das quantidades totais

Logo:

2 x 0,2857Q* + 0,5 x 0,5714Q* + 1 x 0,1429Q* = 60 000

Q* = 60 000

Então:

Q1* = 0,2857 x 60 000 = 17 143

Q2* = 0,5714 x 60 000 = 34 286

Q3* = 0,1429 x 60 000 = 8571

Caso prático n.º 4

A empresa Cinco, S.A. vende dois tipos de helicópteros: de três passageiros e de quatro passageiros, sendo os custos fixos da empresa de 25 000 000 €. A empresa pretende alcançar um resultado depois de impostos de 4,819 milhões de euros. A taxa do IRC é de 21%.

Produto	Margem contribuição unitária	% das Quantidades Vendidas
3 passageiros	15 000	0,75
4 passageiros	40 000	0,25

Quantos helicópteros é que a empresa terá de vender para alcançar o resultado solicitado?

Resolução:

Em primeiro lugar, é necessário calcular o resultado antes dos impostos para que se possa aplica a fórmula:

RAI = RL / ((1 – taxa de IRC)) = (4 819 000) / ((1 – 0,21)) = 6 100 000

MC1 x Q1* + MC2 x Q2* + MC3 x Q3* – CF = 0

15 000 x Q1* + 40 000 x Q2* – 25 000 000 = 6 100 000

15 000 x 0,75 x Q* + 40 000 x 0,25 Q* = 31 100 000

Q* = 1464 o que implica

Q1* = 0,75 x 1 464 = 1098 helicópteros de 3 passageiros

Q2* = 0,25 x 1 464 = 366 helicópteros de 4 passageiros

7. Bibliografia relevante do capítulo

Anthony, R., & Govidarajan, V. (1995). *Management control systems*. Irwin.

Datar, S., & Rajan, M. (2018). *Horngren's Cost Accounting – A managerial emphasis.* (16.ª edição). Pearson.

Ferreira, D., Caldeira, C., Asseiceiro, J., Vieira, J., & Vicente, C. (2014). *Contabilidade de gestão.* Rei dos Livros.

Jordan, H. et al. (2003). *O controlo de Gestão – ao serviço da estratégia e dos gestores.* (5.ª edição). Áreas Editora.

Jordan, H., Neves, J., & Rodrigues, J. (1993). *O controlo de gestão.* CIFAG.

Lima Santos, L., Gomes, C., Faria, A. R., Lunkes, R., Malheiros, C., Silva da Rosa, F., & Nunes, C. (2016). *Contabilidade de Gestão Hoteleira.* ATF — Edições Técnicas.

Schmidgall, R. (2011). *Hospitality Industry Managerial Accounting.* (7.ª edição). American Hotel & Lodging Educational Institute.

CAPÍTULO VIII
CÓDIGO DE CONTAS PARA A CONTABILIDADE ANALÍTICA

A contabilidade analítica, sendo específica para cada atividade económica, é facultativa e interna à empresa, ou seja, opõe-se à rigidez e uniformidade da contabilidade financeira através do SNC.

Acresce que a produção de informação que permita análises detalhadas das operações da empresa, designadamente dos gastos e dos rendimentos das suas atividades operacionais, deve privilegiar os interesses da gestão, razão pela qual a contabilidade analítica assume especial importância. Para obter o conhecimento quer dos resultados quer dos gastos e dos rendimentos das atividades operacionais, a empresa pode proceder ao registo das operações na contabilidade analítica utilizando um código de contas complementar ao adotado em sede do SNC (contabilidade financeira), o que depende do sistema usado para estabelecer a articulação.

1. Articulação entre a contabilidade financeira e a contabilidade analítica

Para efeitos da gestão, é muito importante poder estabelecer a articulação entre os sistemas de informação de contabilidade financeira e de contabilidade analítica, pois é um aspecto que pode influenciar a tomada de decisão em tempo oportuno. Desde logo, a atividade da empresa pode influenciar a opção pela forma de estabelecer a articulação, mas também a estrutura e funcionamento da empresa são relevantes; importa conhecer todos os recursos disponíveis, o tipo de bens ou serviços produzidos, os processos adotados, os conhecimentos dos gestores e as suas necessidades informativas.

Um sistema contabilístico de informação apoiado unicamente na organização do SNC pode ser suficiente, mas, para maiores exigências de informação, o detalhe sobre os rendimentos e gastos que refletem os resultados pode ser conseguido através da contabilidade analítica. Naturalmente que a organização contabilística irá refletir os objetivos da gestão de topo.

A contabilidade analítica deve prever a articulação com as contas da contabilidade financeira, o que pode ser feito através de diversas formas:

- sistemas monistas;
- sistemas dualistas.

1.1. Sistemas monistas

Nos sistemas monistas, é possível dispor do sistema único indiviso (também conhecido por sistema monista radical), no qual a contabilidade analítica está integrada na contabilidade financeira através de contas da classe 9, não havendo separação entre estas. É também possível dispor do sistema único diviso, no qual a separação entre a contabilidade analítica e a contabilidade financeira não é integral, uma vez que as contas da contabilidade analítica estão ligadas à contabilidade financeira através de uma conta cumulativa.

1.2. Sistemas dualistas

Nos sistemas dualistas, é possível dispor do sistema único duplo contabilístico, no qual a contabilidade financeira coexiste com a contabilidade analítica e esta tem por objetivo o registo das operações internas de apuramento do custo dos bens e serviços e de análise dos resultados, confrontando rendimentos com custos. Em termos práticos, recorre-se ao método digráfico (também conhecido por método das partidas dobradas) com recurso a contas refletidas ou de ligação. É também possível recorrer ao sistema duplo misto, no qual a contabilidade financeira coexiste com a contabilidade analítica, mas esta processa-se através de mapas e registos, portanto, sem recurso ao método digráfico ou das partidas dobradas.

2. Plano de contas para a contabilidade analítica

Como foi referido, nos sistemas monistas, a contabilidade financeira e a contabilidade analítica coexistem num único sistema, a contabilidade financeira. Nos sistemas dualistas, a contabilidade financeira coexiste com a contabilidade analítica em sistemas separados e interligados, ou seja, que funcionam em articulação.

Um plano de contas para a contabilidade analítica deverá permitir:

- Auxílio e participação na preparação e controlo de orçamentos;
- Explicar os desvios obtidos e aplicar medidas corretivas atempadamente;
- Apurar o custo industrial do produto acabado (CIPA) e a sua decomposição, o custo industrial do produto acabado e vendido (CIPV) e o valor dos *stocks* de matérias-primas, subsidiárias, produtos em vias de fabrico, produtos acabados, subprodutos; e
- Precisar os custos variáveis e fixos de cada um dos produtos de forma a poder-se obter margens de contribuição por produtos para efeitos de *pricing*.
- Determinar os gastos, os rendimentos e os resultados (não globais) por produtos, atividades, departamentos, funções e áreas geográficas; e
- Dotar os gestores com informações que os ajudem nas tomadas de decisão.

Um plano de contas deverá ter em consideração contas (refletidas ou não) para saldos iniciais de matérias-primas, subsidiárias, produtos em vias de fabrico, produtos acabados e subprodutos, para compras, para custos e rendimentos operacionais e para resultados alheios à atividade operacional.

3. A classe 9 ao serviço da contabilidade analítica

Uma possibilidade de desenvolvimento do plano de contas para a contabilidade analítica é recorrer à classe 9, o que, adotando o modelo proposto por Caiado (1999), resulta na seguinte proposta de plano de contas:

- 90 – Contas refletidas, que serve de contrapartida aos movimentos da contabilidade analítica (na adoção do sistema dualista único duplo).
- 91 – Reclassificação de gastos (e de rendimentos?), que permite a reclassificação dos gastos (e dos rendimentos?) da contabilidade financeira.
- 92 – Acréscimos e diferimentos de gastos, que serve a periodização dos gastos de acordo com o período de tempo (mês) determinado pela gestão.
- 93 – Inventários.
- 94 – Centros de responsabilidade, que permite imputar gastos e rendimentos de acordo com a organização da estrutura empresarial.

- 95 – Custos de produção, reservada aos consumos de matérias-primas e aos custos dos centros fabris (em centros de responsabilidade).
- 96 – Desvios, que serve o apuramento de desvios aquando da adoção do custeio básico.

...

- 97 – Diferenças de incorporação, que acolhe os saldos das contas 92 – Acréscimos e diferimentos de gastos e 93 – Inventários, sendo o seu saldo transferido para a conta 98 – Resultados analíticos.
- 98 – Resultados analíticos, que se destina a apresentar os resultados de acordo com as necessidades informativas da gestão, entre outras, por produtos, por serviços, por zonas geográficas e por mercados.

Apresenta-se, seguidamente, uma proposta de desenvolvimento:

90 – Contas refletidas
90.1 – Gastos e perdas refletidas
90.2 – Rendimentos e ganhos refletidos
...
91 – Reclassificação de gastos
91.1 – Mão-de-obra direta
91.2 – Gastos gerais de fabrico
91.3 – Custos não fabris
...
92 – Acréscimos e diferimentos de gastos
92.1 – Subsídios de férias
92.2 – Remunerações no mês de férias
92.3 – Subsídios de Natal
92.4 – Encargos sociais
92.5 – Encargos financeiros
92.6 – Depreciações
92.7 – Seguros
...
93 – Inventários
93.1 – Compras
93.2 – Mercadorias
93.3 – Produtos acabados e intermédios
93.4 – Subprodutos, desperdícios, resíduos e refugos

93.5 – Produtos e trabalhos em curso
93.6 – Matérias-primas, subsidiárias e de consumo
...
94 – Centros de responsabilidade
94.1 – Centros fabris principais
94.2 – Centros fabris secundários
94.3 – Centros não fabris
94.31 – Serviços comerciais
94.32 – Serviços administrativos
94.33 – Gastos de administração
94.4 – Centros comuns
...
95 – Custos de produção
95.1 – Bem / serviço A
95.2 – Bem / serviço B
...
96 – Desvios
96.1 – Desvios de compras
96.2 – Desvios de centros de responsabilidade
96.3 – Desvios de fabricação
...
97 – Diferenças de incorporação
97.1 – Custos industriais não incorporados
97.2 – Diferenças de inventário
...
98 – Resultados analíticos
98.1 – Resultados bem / serviço A
98.11 – Vendas / prestação de serviços
98.12 – Custo industrial das vendas / serviços
98.13 – Custos comerciais variáveis
98.2 – Resultados bem / serviço B
98.21 – Vendas / prestação de serviços
98.22 – Custo industrial das vendas / serviços
98.23 – Custos comerciais variáveis
98.3 – Inventários
98.31 – Vendas

98.32 – Custo das mercadorias vendidas
98.33 – Custos comerciais variáveis
98.4 – Subprodutos e desperdícios
98.41 – Vendas
98.42 – Custo das vendas
98.5 – Desvios e diferenças de incorporação
98.6 – Outros rendimentos e ganhos não operacionais
98.7 – Custos não fabris
98.71 – Custos de distribuição
98.72 – Custos administrativos
98.73 – Gastos e rendimentos financeiros
98.8 – Outros gastos e rendimentos
...
99 – Cedências e ligações internas
99.1 – Rendimentos das cedências internas
99.2 – Custos das cedências internas

4. Estudo de casos

Caso prático n.º 1

Responda às seguintes questões de escolha múltipla:

1. A articulação da contabilidade analítica com as contas da contabilidade financeira pode ser feita:
   a) Com o sistema monista sem utilização da classe 9.
   b) Através do sistema único indiviso que recorre à classe 9.
   c) Exclusivamente com sistemas dualistas.
   d) Apenas com contas refletidas ou de ligação.

2. Qual das tarefas a contabilidade analítica não permite apoiar:
   a) A preparação e controlo de orçamentos.
   b) O apuramento do custo industrial do produto acabado.
   c) O controlo dos ativos não correntes e dos passivos não correntes.
   d) A determinação dos custos fixos e variáveis.

Resolução:

1 b); 2 c).

5. Bibliografia relevante do capítulo

Caiado, A. P. (1999). *Modelo de classificação racional das operações empresariais*. Vislis Editores.

Jordan, H. et al. (2003). *O controlo de Gestão – ao serviço da estratégia e dos gestores*. (5.ª edição). Áreas Editora.

CAPÍTULO IX
GESTÃO ORÇAMENTAL

A Gestão Orçamental abrange o planeamento sistemático das atividades a desenvolver pela empresa, traduzido na fixação de planos de ação a cada gestor aos diversos centros de responsabilidade (em quantidade, valores e prazos), nos meios a utilizar e nos rendimentos a realizar, na comparação periódica dos objetivos com a realizações e na tomada de medidas corretivas.

Abrange duas grandes áreas: o planeamento e orçamento anual (ou global) e o controlo orçamental.

Neste capítulo, apresentam-se os vários formatos de orçamento anual mais utilizados pelas empresas, tendo ainda um ponto dedicado ao controlo orçamental.

1. A gestão orçamental

A gestão orçamental é uma tarefa de todos os colaboradores da empresa que têm responsabilidades de gestão, fazendo parte do sistema de apoio à tomada de decisão e ao controlo de gestão. A gestão orçamental inclui o ciclo orçamental, caracterizado na Figura 9.1.

FIGURA 9.1. – CICLO ORÇAMENTAL

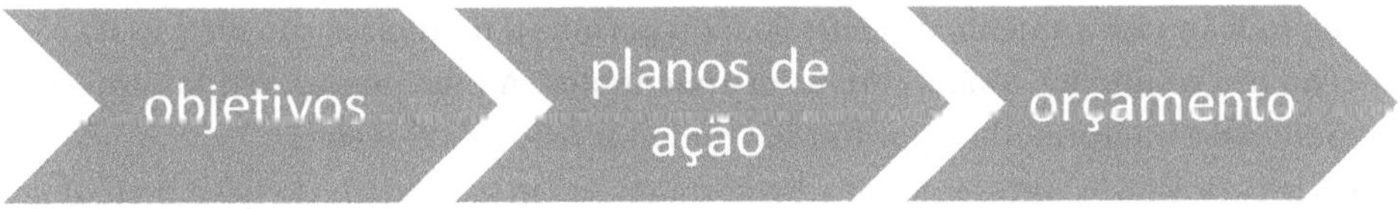

Fonte: Adaptado de Jordan *et al.* (2003).

Os objetivos de uma empresa são definidos tendo em conta diversos fatores que devem ser múltiplos, diversificados, hierarquizados, quantificados, realistas e consistentes. Nos planos de ação, as atividades e os meios são definidos para atingir os objetivos. Finalmente, obtém-se o orçamento, que é a quantificação do plano de ação, ou seja, o que a empresa pretende fazer no próximo ano tendo em conta um conjunto de informações. O ponto de partida para o orçamento é o plano operacional, onde são estabelecidos os objetivos bem como as grandes ações de aplicação da estratégia. A visão do orçamento é de curto prazo, mas deverá permitir uma ligação entre o curto e o longo prazo.

O orçamento na gestão de uma empresa permite descentralização, planeamento, motivação, coordenação e avaliação. Quando os objetivos são definidos, a descentralização é concretizada, assim como a gestão orçamental ajuda a descentralização de autoridade e responsabilidades de uma empresa. Cada responsável participa na fixação dos objetivos do seu departamento, sendo os objetivos acordados entre os dois níveis hierárquicos. Por outro lado, a gestão orçamental impulsiona a existência de planeamento numa empresa, pois os gestores, quando estão a elaborar o orçamento, estão a estimar as atividades a desempenhar, os meios a utilizar, os recursos necessários para que determinados objetivos sejam atingidos. O orçamento promove a coordenação entre todos os colaboradores e departamentos, levando a que haja uma organização dos objetivos. Esta coordenação tanto é vertical como horizontal, ou seja, em termos hierárquicos e entre departamentos, permitindo coerência e consistência. É claro que para tudo isto é necessária comunicação entre as diversas funções da empresa. Assim, o orçamento é um ótimo veículo para aumentar a comunicação dentro da empresa, pois precisa de reunir informações de toda a empresa, motivando a comunicação entre todas as áreas e todos os responsáveis. Deverá existir comunicação do topo para base de forma a informar quais são os objetivos globais da organização, como também deverá existir comunicação da base para o topo de modo a transmitir os recursos necessários. Os orçamentos influenciam o comportamento do gestor, incentivando-o a atingir melhores resultados e satisfação no trabalho. Com a gestão orçamental também são proporcionadas métricas de avaliação de desempenho, e, normalmente, as que são estabelecidas no orçamento são as mais adequadas para avaliar o desempenho dos gestores. O orçamento também é considerado um instrumento de controlo, pois permite a monitorização através da comparação dos resultados atuais com os orçamentados. A informação obtida através da comparação é interpretada e por fim são tomadas medidas corretivas.

Os aspectos atrás apresentados transformam-se em vantagens da gestão orçamental: fixação de objetivos; coordenação das atividades da empresa; responsabilização dos gestores; melhora os processos de gestão; e permite análises periódicas.

É claro que na implementação da gestão orçamental existem alguns aspectos a considerar. Em primeiro lugar, problemas com os recursos humanos são comuns nestes processos. Existe a sensação de que a gestão orçamental é uma forma de controlar os colaboradores da empresa no exercício das suas funções. Todavia, deverá ser demonstrado o inverso, ou seja, que se trata de uma ajuda para o exercício das suas funções. Por conseguinte, dever-se-ão desenvolver ações de formação e informação com vista a que os gestores conheçam o sistema e o processo orçamental e de controlo. A implementação da gestão orçamental deverá ser acompanhada de ações de formação como também deverá existir uma cultura de planeamento na empresa. Em segundo lugar, é necessária uma estrutura orgânica adequadamente definida, de modo que se conheça os diversos centros de responsabilidade, as funções que lhes estão cometidas e quem são os seus gestores. Em terceiro lugar, é necessário um sistema de informação em adequado funcionamento, que proporcione atempadamente a informação real necessária ao controlo orçamental. Em quarto lugar, a gestão de topo tem de estar envolvida em todo o processo, na implementação, na elaboração dos orçamentos e no controlo orçamental. Contudo, são os diversos gestores que devem ter um papel ativo na elaboração dos orçamentos pertencentes ao seu centro de responsabilidade.

A implementação tem de ser acompanhada por uma gestão participativa por objetivos, cujos métodos e técnicas auxiliam a fixação de metas e objetivos. Os objetivos a fixar devem ser aqueles que é possível conseguir em condições normais de funcionamento da empresa e do meio em que se insere. Os objetivos devem ter sempre o acordo do gestor do centro de responsabilidade e do seu superior hierárquico.

Este processo apresenta diversos problemas, os quais serão brevemente descritos. O controlador de gestão deverá estar atento a todos estes problemas, que deverão ser resolvidos. O processo orçamental do ano não deve iniciar-se muito cedo pois deverá existir uma ideia mais objetiva acerca do ano atual para melhor se estimar o ano seguinte. Contudo, não deve ser muito tarde, uma vez que o tempo pode não ser suficiente para realizar as estimativas corretamente. O atraso na elaboração do orçamento por um determinado departamento pode implicar atrasos em cadeia comprometendo todo o processo orçamental. Os formulários deverão ser reduzidos de forma evitar burocracia e excesso de papelada. Todavia, deverão ser utilizados porque facilitam o trabalho dos gestores. É conveniente a elaboração de um manual do processo orçamental pelo controlador de gestão para que se conheça a responsabilidade dos vários gestores. Neste, devem estar as regras para a elaboração dos orçamentos, o calendário, o sistema de comunicação de informações, os processos de apresentação e aprovação dos orçamentos e os processos de revisão.

Na implementação podem surgir problemas gravíssimos como, por exemplo, a ausência de objetivos e de planos de ação, onde o orçamento perde um pouco o seu âmago e interesse. Quando esta situação ocorre, o orçamento transforma-se num exercício burocrático de transposição de informação para o período seguinte. Algo também a evitar é o excesso de detalhe, pois a sua elaboração é morosa e trabalhosa, sem, contudo, proporcionar mais informações úteis para o gestor. Por vezes, os gestores criam almofadas orçamentais, por exemplo, custos sobreavaliados. Deste modo, quando é realizado o controlo orçamental existe uma maior hipótese de uma boa avaliação de desempenho, pois em princípio os custos reais serão menores. Situação que sucede, normalmente, em modelos de gestão com uma grande rigidez de controlo orçamental. Cortes indiscriminados nos orçamentos também podem acontecer, se, por exemplo, os resultados obtidos não forem os desejados. É claro que estes cortes apenas servem para equilibrar os orçamentos, não existindo nenhuma utilidade a nível de gestão. Quando existe necessidade de revisão, esta deve efetuar-se com base nos objetivos e nos planos de ação. Em suma, o controlador de gestão deverá, de forma calma e engenhosa, tentar resolver os problemas, de modo que o sistema de controlo orçamental funcione o melhor possível.

Como podemos definir orçamento?

> «O orçamento é um instrumento de gestão de apoio ao gestor no processo de alcançar os objetivos definidos para a empresa, ou seja, um instrumento de decisão e de ação.» (Jordan et al., 2003, p. 77)

O orçamento de uma empresa caracteriza-se por ser distinto do orçamento familiar (totalmente flexível) e do orçamento de estado (rígido e caracterizado por ser uma autorização de despesa). Os orçamentos das empresas estão numa posição intermédia.

Orçamento pode ser definido de diversos modos, conforme se pode verificar ao realizar uma revisão de literatura: é um instrumento de ação, expressando quantitativamente um plano de ação, não sendo uma simples previsão; e converte todos os elementos do plano estratégico em demonstrações financeiras.

O orçamento não é uma previsão que estima uma variável utilizando técnicas previsionais. Mais do que uma previsão, é um plano de ação. O orçamento especifica quais os recursos que uma organização irá adquirir e usar durante um determinado período e ajuda os gestores a prepararem o futuro, pois o orçamento pode revelar alguns problemas futuros.

Para elaborar um orçamento, é necessária informação, a qual pode ser externa ou interna. A nível interno (Figura 9.2.), numa fase inicial de uma empresa, sobretudo nas pequenas e médias empresas, notamos que a informação necessária é obtida pelo gestor através da sua observação pessoal, tendo em conta que a empresa não possui passado e é de pequena dimensão. Posteriormente, ao aumentar de dimensão, já não é possível obter informação indispensável por simples observação e o gestor terá de recorrer aos dados históricos que são tratados através dos subsistemas de informação. Finalmente, numa fase seguinte, os gestores sentem a necessidade da implementação de instrumentos de planeamento e de orçamentação sistemática.

FIGURA 9.2. – SÍNTESE DAS FONTES DE INFORMAÇÃO

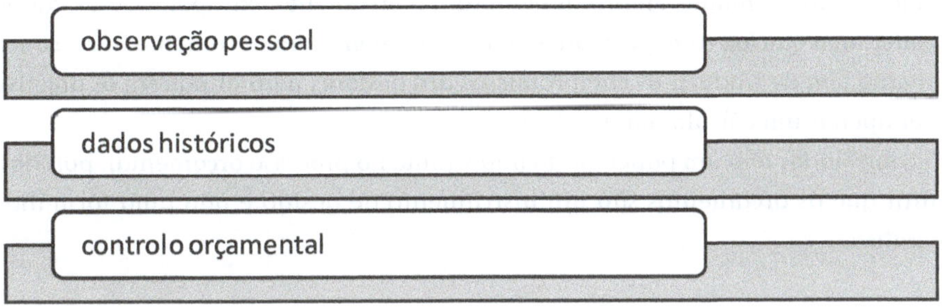

Fonte: Elaboração própria.

A nível externo, é necessária informação macroeconómica, informação da atividade económica e informação sobre o mercado. As empresas têm de reunir informação externa que permita prever, de forma segura, a atividade futura. A informação macroeconómica resume-se a informações acerca da inflação, PIB, taxas de juro, taxas de câmbio, fiscalidade, taxa de desemprego, preço de materiais. Esta informação permite definir a evolução dos preços, dos custos de produção e do financiamento da empresa. Existem vários fatores que podem influenciar a atividade de uma empresas, como, por exemplo, a homologação de uma lei.

A informação da atividade económica serve para obter informações das atividades que se encontram a montante e a jusante, pois os resultados da empresa dependem tanto do custo assumido perante os fornecedores como do preço de venda fixado pela empresa. Esta informação permite analisar a competitividade de uma empresa, qual o seu poder negocial perante as partes interessadas na empresa e em que fase está do seu ciclo de vida. Tudo isto fornece informações que são utilizadas nos diversos orçamentos.

É necessária informação acerca do mercado, por exemplo, se existem alterações nas práticas do consumidor, como tem sido a evolução a nível de vendas e de preços. Conjugando todo este tipo de informação, é possível estimar a quota de mercado da empresa e por sua vez as suas vendas.

A elaboração dos orçamentos é extremamente importante devido a várias razões, por exemplo: ajuda a atingir os objetivos definidos; define o resultado a atingir; são atribuídas responsabilidade na tomada de decisão; ajudam a uma monitorização periódica e a modificações céleres; avalia o desempenho; ajuda a tomar medidas corretivas; motiva os gestores; e promove a coordenação e a comunicação das atividades. Todavia, os orçamentos podem apresentar alguns problemas: tempo na sua preparação, custos elevados na sua elaboração, utilização de pressupostos errados, iludem os gestores em termos de controlo. Ademais, muitas empresas elaboram o orçamento extrapolando os dados do ano anterior, o que faz com que o orçamento seja apenas um documento burocrático. O orçamento tem de traduzir os compromissos dos gestores para atingirem os objetivos e não ser apenas um cálculo matemático.

O controlador tem um papel muito importante no processo orçamental, pois deverá garantir que os orçamentos são um instrumento de gestão e não uma formalidade burocrática.

2. Técnicas para a elaboração de orçamentos

Existem várias técnicas que podem ser utilizadas na elaboração de um orçamento e entre quais uma empresa poderá optar de acordo com a sua cultura e atividade económica. São descritas de seguida as práticas mais utilizadas pelas empresas.

Orçamento participativo

Um orçamento elaborado com a plena cooperação e participação dos gestores de todos os níveis. É uma abordagem particularmente útil se o orçamento for usado para avaliar o desempenho da gestão. É usual referir que é uma das melhores técnicas pois toda a equipa participa e, deste modo, sente uma maior responsabilidade para atingir os objetivos. Os gestores dos níveis mais baixos da hierarquia sentem-se mais motivados porque participam diretamente no processo.

Top-down budget

Esta técnica começa nos gestores de nível médio e superior e o processo continua até o nível mais baixo. No nível mais alto da hierarquia é definida uma despesa que depois será distribuída pelos níveis inferiores. O gestor de topo define o valor da despesa de cada departamento. Posteriormente, cada nível tem de realizar a distribuição pelos níveis seguintes e assim sucessivamente. A divisão detalhada das despesas dentro de cada sector é discutida e decidida existindo sempre o limite que foi definido pelo nível anterior. As vantagens apontadas estão relacionadas com a poupança de tempo nos níveis de gestão inferiores, visto que estes não têm de criar um orçamento, assim como a nível de gestão de topo, pois criam o orçamento num determinado momento não sendo necessário combinar diversos orçamentos. Como desvantagens existem a desmotivação dos colaboradores por não terem participado no orçamento e a falta de conhecimento acerca das despesas de cada departamento.

Bottom-up budget

Nesta prática, as pessoas que fazem o trabalho são consultadas sobre os recursos e os tempos. Esta técnica pretende o melhor nível de precisão. Em primeiro lugar, existem orçamentos individuais e, no final do processo, existe um orçamento global. Este processo orçamental inicia-se no nível mais baixo da organização e depois é apresentado ao nível superior para aprovação. Como vantagens: o gestor cria orçamentos com base nas necessidades do seu departamento, gera um aumento de motivação, a gestão de topo concentra-se mais na estratégia e é um orçamento participativo. Como desvantagens: o orçamento pode não estar alinhado com os objetivos da empresa e por vezes as metas definidas são pouco ambiciosas.

Orçamento incremental (projeção do passado/tradicional)

Este orçamento é baseado no orçamento do ano anterior, deste modo são necessários menos recursos, sendo menos moroso. Todavia, não se deve cometer o erro de pensar que o orçamento é elaborado aplicando a taxa de inflação aos valores do ano anterior. Este orçamento é uma quantificação do planeamento, onde, considerando os dados históricos, iremos analisar o que devemos alterar. Desta forma, o orçamento nunca deverá ser apenas a projeção dos resultados históricos da empresa. Apesar de ter em conta o passado da empresa, o orçamento deverá ser a quantificação do planeamento, traduzindo os objetivos e as metas aí aferidas como necessárias e possíveis de atingir pela empresa.

Neste tipo de orçamentação, existe, por exemplo, uma adaptação dos gastos do ano anterior ao ano seguinte. Neste caso, são considerados os aumentos relativamente à inflação e, também, os incrementos que advêm de novos projetos ou que se tenha apurado a necessidade da sua concretização. Este tipo de orçamento é considerado muito burocrático, existindo a desvantagem de os gastos serem muito inflacionados.

Orçamento móvel/contínuo

Uma empresa num sector estável tem um orçamento de 5 anos, mas essas empresas podem usar o orçamento móvel. Este está sempre disponível para um período futuro, adicionando um ano, um semestre, um trimestre ou um mês. Este orçamento está sempre atualizado, pois existe uma adaptação constante à realidade. Existe sempre um orçamento para 12 meses só que estes vão variando consoante o tipo de orçamento. Se for um orçamento trimestral móvel, no final de cada trimestre, temos de elaborar mais um trimestre. Exemplificando, o orçamento realizado é de julho de 2022 a junho de 2023, quando se chegar ao fim do mês de setembro de 2022 é necessário elaborar o orçamento para o trimestre de julho de 2023 a setembro de 2023. Deste modo, passamos a ter um orçamento de outubro de 2022 a setembro de 2023.

Estes orçamentos são populares, porque não têm uma data de finalização, logo, os gestores estão sempre a pensar no futuro, porque podem alterar os orçamentos diversas vezes. Por vezes, estes dizem respeito a curtos períodos de tempo e não são muito detalhados.

Vantagens: ampla utilização de recursos, são pouco detalhados, possibilitam a adaptação de alterações de curto prazo do mercado, viabilizam uma menor manipulação visto não existir um limite em termos de tempo e apresentam uma mudança de mentalidade.

Desvantagens: a utilização de recursos não é percetível para muitos colaboradores, causam desmotivação nos funcionários por estarem sempre a rever os orçamentos, implicam o consumo de muito tempo e geram algumas incertezas dado que os orçamentos estão sempre a ser alterados.

Orçamento *Kaizen*

Kaizen, termo de origem japonesa, significa a melhoria contínua. Logo, o orçamento *Kaizen* é uma técnica de orçamentação que centraliza a sua atenção na melhoria contínua, ou seja, pretende-se antecipar a melhoria contínua através das estimativas realizadas. Muitas empresas utilizam esta técnica com o foco de redução de custos, a qual advém muitas vezes de pequenas melhorias realizadas. Os custos são estimados considerando melhorias contínuas no futuro, por exemplo, modificando os procedimentos operacionais, os processos de trabalho. Normalmente, estas sugestões advêm dos funcionários. Os gestores de topo devem encorajar sempre a tentativa de redução de custos através da alteração de processos operacionais e em relação à cadeia de fornecimentos. É um processo que ajuda a eliminar ineficiências e burocracias. O orçamento só é atingido se as melhorias forem realizadas. Normalmente, este tipo de orçamento é utilizado em empresas cujo sistema de qualidade tem como finalidade a melhoria contínua. Tem muita utilidade em empresas que fabricam produtos diariamente. Com esta técnica apenas é necessário um gestor para encontrar áreas para melhoria. Tem como vantagens: potencia o conhecimento do gestor de todos os processos produtivos, motiva os funcionários operacionais, fortalece o trabalho em equipa e remove a necessidade de objetivos de curto-prazo. Apresentas as seguintes desvantagens: dificulta a manutenção de uma melhoria contínua em produtos padrão, leva os gestores a uma microgestão e exige tempo excessivo para difundir a cultura necessária para esta técnica.

Orçamento de base prioritária

A empresa, através do planeamento, define as áreas-chave prioritárias e sobre estas deverão incidir objetivos, políticas e programas específicos. Deste modo, o processo orçamental deve ter em conta as áreas prioritárias tanto nas metas a atingir como nos meios disponíveis para atingi-las. O mesmo deverá acontecer em relação ao controlo orçamental para que a atenção seja concentrada nas áreas-chave. O objetivo desta técnica resume-se à acentuação dos pontos fortes e à melhoria dos pontos fracos para que as oportunidades sejam aproveitadas e as ameaças travadas.

***Beyond budget* ou *better budget*?**

Beyond budget não é uma técnica de elaboração de orçamentos, mas sim um modo de pensar a nível de gestão. Neste caso, optam por não elaborar orçamentos. Consideram que os orçamentos são técnicas tradicionais aplicadas a empresas na época da revolução industrial e as empresas dos nossos dias não possuem os mesmos objetivos. Os defensores do *beyond budget* referem que a técnica do orçamento incremental tem originado alguns problemas como, por exemplo, não considerarem mudanças a nível do meio-ambiente, a nível de mais concorrentes ou as preferências dos consumidores. Estes problemas podem implicar a saída de funcionários para outras empresas, surgindo a necessidade de novas contratações; por outro lado, também existe a possibilidade de os produtos ficarem obsoletos. Existem várias técnicas que oferecem alternativas diferentes, porém o essencial seria a associação do planeamento ao orçamento, onde muitos problemas seriam resolvidos. Em vez de o processo orçamental ser um processo mecânico, deveria ser associado a um sistema orçamental de forma a atenuar todos os problemas que surgem.

Os defensores do *beyond budget* apostam no abandono dos orçamentos, baseando-se no facto de a maior parte das empresas não os utilizar de acordo com o que é defendido na teoria. Apresentam algumas premissas contra os orçamentos:

- Será viável elaborar um orçamento de custos fixos num mundo em que está em constante mutação?

- Será viável fixar objetivos e incentivos com base em orçamentos fixos?
- O orçamento restringe o risco, será que não tem impacto negativo no crescimento de uma empresa?
- Para a elaboração de um orçamento é necessário muito tempo.
- São criadas barreiras entre departamentos.
- A centralização ignora as reações do mercado.
- A afetação de recursos pode implicar a sua acumulação em vez de os utilizar onde são necessários.
- O controlo orçamental é visto numa perspetiva interna, mas existem fatores externos muito importantes.
- A elaboração do orçamento pode levar a jogos entre os gestores onde os objetivos globais e de longo prazo são esquecidos.

Tendo em conta estas premissas, surgem dois caminhos alternativos: o *beyond budget* e o *better budget*. O *beyond budget* procura alternativas ao orçamento, e esta perspetiva tem sido aplicada em algumas empresas de serviços.

No entanto, esta política não é seguida pela maioria das empresas, que continua a elaborar orçamentos cujo lugar está bem demarcado. No caso de uma empresa precisar de pedir financiamento para o ano seguinte, o banco solicitará um orçamento para o ano seguinte. Assim, as empresas que se revêm nestas críticas optam por um *better budget*, ou seja, adaptam os orçamentos às necessidades atuais. É de salientar que, através de algumas pesquisas, se verificou que os orçamentos permanecem nas empresas tanto industriais como não industriais e não foram extintos, ao contrário do que havia sido antecipado há uns anos por algumas previsões.

3. Orçamento de Base Zero (OBZ)

O Orçamento de Base Zero (OBZ) ou, em terminologia inglesa, *Zero-Base Budgeting* (ZBB) foi desenvolvido na empresa Texas Instruments por Peter A. Pyhrr, tendo sido depois aplicado noutras empresas e expandindo-se a partir de 1977.

O orçamento de base zero é uma técnica orçamental que parte do princípio, ou seja, do zero. Todos os anos um novo orçamento tem de ser elaborado. Contrasta ao máximo com o orçamento tradicional. Todos os valores históricos são esquecidos, e os gestores têm de justificar todos os recursos a utilizar e os seus custos associados. Muitos aspectos devem ser reanalisados sem conclusões retiradas. Com este orçamento, pretende-se atingir a eficácia e a eficiência e ao mesmo tempo maximizar a competitividade da empresa. Com esta técnica pretende-se que exista planeamento e orçamentação, exigindo que cada gestor de um centro de responsabilidade justifique todos os itens do orçamento sob a sua responsabilidade. Em suma, tudo deve ser reanalisado e o passado não deve ser um entrave.

Esta técnica orçamental tem como objetivos principais: reduzir gastos gerais, otimizar rácios/métricas, avaliar os recursos da empresa, analisar a produtividade da empresa e elaborar orçamentos realistas. Apresenta algumas vantagens, tais como: potencia economias orçamentais; fornece informações adequadas e de melhor qualidade; estimula a melhoria das decisões, o maior interesse no processo orçamental e uma maior comunicação e coordenação entre os centros de responsabilidade; permite a identificação das atividades e programas significativos, bem como de programas obsoletos; elimina atividades redundantes; baseia-se no meio envolvente atual; motiva os colaboradores; fortalece oportunidades de subcontratação; fortalece a eficiência a nível de custos; estabelece uma ligação entre os objetivos e os orçamentos.

Como limitações são apresentadas as seguintes: elevados custos de instalação; dificuldades na implementação visto todos os anos ter de começar do zero; causa excesso de papel; exige muito tempo e esforço; implica o tratamento de muita informação num curto espaço de tempo; envolve exigências significativas de recursos humanos; acarreta dificuldades de compreensão de conceitos básicos e dificuldades na justificação de cada item; requer muita formação; pressupõe níveis de complexidade crescentes pois quanto maior a empresa maior a dificuldade, devido ao número de atividades envolvidas; e apresenta problemas a nível orçamental quando existem alterações no meio envolvente.

Esta técnica pressupõe que todos os valores históricos da empresa devem ser ignorados e/ou esquecidos. Assim, todos os anos, a empresa inicia a sua atividade. Promove uma melhor comunicação entre as unidades; deteta programas e atividades significativas; identifica e elimina programas inativos e obsoletos. O processo orçamental inicia--se nos níveis inferiores da estrutura organizacional e termina nos níveis superiores. É uma técnica que consome muito tempo e por vezes pode ser problemática para projetos que têm continuidade nos anos seguintes. Esta técnica esquece a cultura, a história e os pontos forte e fracos das empresas.

É referido que esta técnica se sobrepõe à técnica tradicional e que é uma prática muito focalizada nos custos indiretos de modo que exista um maior controlo. É de melhor aplicação a secções auxiliares ou atividades secundárias, conforme o caso em questão. Nesta técnica o processo é de baixo para cima, inicia-se nos níveis mais baixos da hierarquia e termina nos níveis superiores. É de salientar que nela tudo tem de ser justificado e que os recursos são afetados onde existe necessidade. Normalmente, não é aplicada aos custos diretos mas sim aos indiretos. Sejam indiretos relacionados com a produção, prestação de serviços ou indiretos a nível geral, por exemplo, custos de distribuição e de administração.

Tendo em conta Ferreira et al. (2014), estes são os principais pontos do planeamento para a aplicação desta técnica:

- Missão e objetivos da empresa;
- Principais políticas para conduzir a empresa;
- Estabelecimento das necessidades do mercado;
- Preparação dos objetivos dos centros de responsabilidade:
- Criação de um conjunto de prioridades da empresa;
- Identificação dos recursos;
- Análise das propostas orçamentais;
- Preparação dos orçamentos.

O primeiro ponto é muito importante, sendo necessária a definição do objetivo global e dos objetivos departamentais. É necessário que cada gestor conheça os objetivos a atingir.

No processo de elaboração do orçamento de base zero existem várias etapas a seguir (Figura 9.3.), de acordo com Ferreira et al. (2014):

- Identificação dos centros de responsabilidade;
- Preparação de propostas orçamentais;
- Atribuição de prioridades dentro de cada centro de responsabilidade;
- Atribuição de prioridades entre os vários centros de responsabilidade;
- Distribuição e atribuição de recursos;
- Monitorização e avaliação.

FIGURA 9.3. – ETAPAS DO OBZ

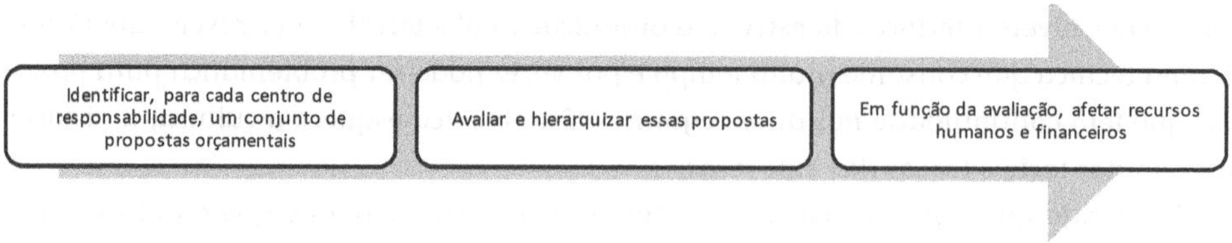

Fonte: Adaptado de Ferreira *et al.* (2014).

É de salientar que, dentro de cada centro de responsabilidade, será necessário desagregar o orçamento ao máximo, ter propostas orçamentais para cada atividade, ou para cada função (Figura 9.4.). Todas estas propostas têm de ser analisadas, exploradas e selecionadas de modo a verificar se são importantes para o centro de responsabilidade. Em suma, para cada centro de responsabilidade é realizada uma proposta orçamental que se resume a um conjunto de proposta orçamentais tendo em conta como é desagregado o centro de responsabilidade ou por atividade ou por função. A desagregação do orçamento diverge entre empresas, não existindo uma normalização.

FIGURA 9.4. – PROPOSTAS ORÇAMENTAIS

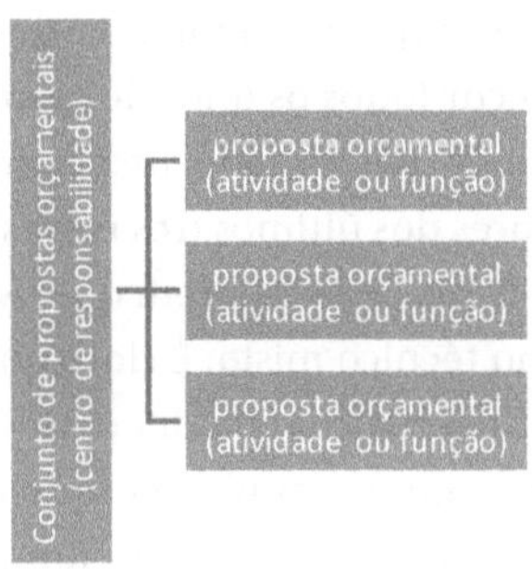

Fonte: Adaptado de Ferreira *et al.* (2014).

As propostas orçamentais são definidas tendo por base a finalidade económica e a sua análise é realizada detalhadamente de modo a investigar qual a sua finalidade. A proposta orçamental de cada unidade tem de possuir: uma finalidade específica; um conjunto de recursos quantificáveis; e um modo de usar e distribuir os recursos para atingir o objetivo fixado.

Os conjuntos de propostas orçamentais deverão ser analisados através de uma análise custo-benefício, onde é necessário valorizar os rendimentos, os gastos e os efeitos da não aceitação. Em todo este processo será necessário analisar se o conjunto de propostas contribui para que a empresa atinja os seus objetivos, que impacto terá no resultado a eliminação do conjunto de propostas e se os objetivos destes conjuntos podem ser atingidos de forma eficiente e eficaz.

Posteriormente, os conjuntos de propostas são ordenados de acordo com a sua prioridade. De seguida, os recursos serão atribuídos assim como serão estabelecidas as diversas formas de financiamento. Por vezes, pode ser necessária a revisão de alguns conjuntos de propostas. Após todos estes passos é elaborado o orçamento e depois é realizada a monitorização e a avaliação.

Na implementação desta técnica são elaborados vários formulários para os conjuntos de propostas orçamentais onde os benefícios, o acompanhamento, as consequências e os recursos a utilizar são justificados. Nesta técnica, cada gasto tem de ser justificado de forma detalhada (materiais, gasto com pessoal, problemas e informações que sejam necessárias). Tudo é analisado em profundidade pois podem existir repetições entre os vários departamentos e o objetivo será evitar duplicações de gastos.

Em relação a esta técnica, existem muitas críticas de diversos autores alegando tratar-se de uma fraude e fundamentando estas afirmações nas limitações atrás mencionadas. Contudo, as críticas são mais em relação à designação, pois muitas das vezes em que esta técnica é aplicada, as propostas orçamentais não começam do zero, mas baseiam-se em valores do passado, por ser algo que já foi discutido.

Dada a dificuldade de começar todos os anos do zero, muitas empresas têm optado por fazê-lo de cinco em cinco anos e, deste modo, associam a técnica de orçamento contínuo, a qual tem por base os valores dos últimos três meses, que são atualizados de forma continuada. Os apologistas deste processo referem que os valores estão sempre revistos. Pode dizer-se que se trata de uma técnica mista. É claro que, consoante cada empresa, as adaptações diferem, pois as características são diferentes, assim como as necessidades.

Em suma, não é uma técnica muito popular porque é mais relevante em empresas que não tenham processos produtivos repetidos ao longo dos vários anos e é de mais fácil aplicação em serviços ou custos diversificados. Na maior parte das vezes, é utilizada em entidades públicas.

4. Orçamento baseado nas atividades

O orçamento baseado nas atividades, também conhecido por *Activity-Based Budgeting* (ABB), é um prolongamento do Custeio Baseado nas Atividades (CBA). É um orçamento em que se estima o custo dos recursos que deve ser atribuído às atividades assim como o custo das atividades necessárias para produzir os produtos e os serviços. Ao adotarmos esta técnica orçamental, é necessário elaborar um orçamento para cada atividade pertencente à gestão de uma empresa. São estimados os recursos utilizados pelas atividades. É uma técnica importante para a distribuição dos custos indiretos, que são distribuídos por atividades. Esta técnica orçamental, em que as atividades são analisadas pormenorizadamente de modo a estimar os custos, é muito minuciosa a analisá-los, uma vez que tem como objetivo, além de criar eficiência e reduzir, ou eliminar, o volume da atividade, a redução de custos.

Será necessário calcular o coeficiente de imputação orçamentado de cada atividade, estimar a procura de cada atividade e elaborar os custos orçamentados de cada atividade.

É uma técnica poderosa com suporte nos seguintes passos (Ferreira et al., 2014):

- Análise estratégica e enquadramento dos objetivos;
- Avaliação do meio envolvente;
- Análise da cadeia de valor;
- Programas de vendas;
- Visão dos custos e dos processos;
- Avaliação dos resultados.

O ABB está orientado para os objetos de custo, sendo necessário seguir um processo que passa por:

- Identificar as atividades e os respetivos indutores de custo (os quais advêm da técnica de custeio baseado nas atividades);
- Estimar o valor dos indutores de custo para o nível de atividade definido;
- Estimar o custo unitário/coeficiente de imputação.

As vantagens deste tipo de orçamento são: focaliza as atividades que adicionam valor; elimina as atividades que não adicionam valor; ajuda nas decisões de investimento; e assenta em processos ao longo da cadeia criando novas eficiências. As desvantagens: só pode ser aplicada se o CBA estiver atualizado; o gestor de topo tem de apoiar o CBA; são necessárias mudanças na gestão; os custos de implementação são elevados; e pode existir alguma resistência.

Esta técnica deve ser utilizada em empresas com elevado volume de gastos gerais de fabrico e quando é utilizado o *Total Quality Management* (TQM). Porém só pode ser utilizada se a empresa usar o custeio baseado nas atividades e existir um grande envolvimento dos gestores operacionais.

5. Orçamento rígido e flexível

O orçamento rígido é baseado nas quantidades estimadas no início da elaboração do orçamento. Tem esta designação pois todo o processo orçamental é baseado nas quantidades inicialmente estimadas.

O orçamento flexível, normalmente, diz respeito à elaboração do orçamento ainda dentro do período orçamental, mas com base nas quantidades reais. É um orçamento que pode ser ajustado. Os custos variáveis aumentam ou diminuem proporcionalmente, enquanto os custos fixos se mantêm. É o orçamento rígido ajustado através das quantidades reais. É um orçamento hipotético que deveria ter sido elaborado logo no início, não tendo acontecido visto ser impossível antecipar a quantidade real. Por outras palavras, é um orçamento ajustado com base no nível real de vendas. É claro que por vezes podemos elaborar orçamentos flexíveis com diferentes níveis de atividade quando ainda não são conhecidos os reais. Porém, a grande utilidade do orçamento flexível está no cálculo dos mais variados desvios, principalmente no apuramento do desvio quantidade. Todavia, o orçamento flexível é muito útil para a tomada de decisão na medida em que permite a estimativa de valores dos rendimentos e dos custos considerando diversos cenários a nível de quantidades e *mix* de vendas. Auxilia a análise de eficiência das operações da empresa de modo a retirar informações para o futuro. Os gestores consideram os orçamentos flexíveis de grande utilidade, visto que a maior parte dos desvios se deve a falhas de estimativas das unidades vendidas, as quais influenciam todos os outros orçamentos operacionais.

6. Controlo orçamental

O controlo orçamental tem como objetivo a comparação dos valores reais com os valores orçamentados. Após a elaboração do orçamento anual, a atividade da empresa continua e a contabilidade analítica e outros componentes do sistema de informação vão fornecendo informações acerca das atividades reais (gastos, rendimentos, produção, atividades das secções). Para realizar esta comparação, é necessário agrupar a informação por secção, por tipo de custo, por atividade ou por algo inerente à empresa.

O controlo orçamental pretende analisar os desvios, identificar as causa e implementar medidas corretivas. Para isto é necessário desagregar os desvios e detalhar toda a informação colocada nos desvios. O cálculo dos desvios não é um fim, mas sim um meio para apurar a eficiência e eficácia de uma empresa, apurar as causas e tomar medidas corretivas quando necessário. As causas deverão ser justificadas do mesmo modo que deverão ser apuradas as razões a elas subjacentes para que sejam apuradas responsabilidades e adotadas medidas corretivas. Normalmente, o processo de controlo orçamental é sintetizado numa demonstração dos resultados por funções. Os relatórios são fundamentais neste processo e deverão ser sintéticos e precisos.

O controlo orçamental apresenta limitações enquanto instrumento de informação e instrumento de avaliação. A nível de informação, exprime-se apenas em termos financeiros, ou seja, de forma monetária, não transmitindo a totalidade da informação que influencia o resultado global ou do centro de responsabilidade. Por outro lado, a sua dependência dos sistemas de informação de contabilidade de gestão implica atrasos na obtenção de informação e origina demoras no cálculo dos desvios, o que vem prejudicar o apoio à tomada de decisão. O conflito que existe entre o rigor e a rapidez da informação limita as necessidades do controlo de gestão sendo premente afirmar que, para este último, é extremamente importante a rapidez. É de realçar que, por vezes, a informação contabilística não é compatível com a que é necessária no controlo de gestão, por exemplo, se é usado o sistema de custeio total quando no controlo de gestão é necessária uma informação mais desagregada.

As limitações como instrumento de avaliação dizem respeito a vários fatores. Em primeiro lugar, convém ter conhecimento acerca da apetência do gestor para elaborar orçamentos. Um gestor pode estar a ser avaliado por não ter cumprido os objetivos quando, na realidade, o orçamento não foi bem elaborado. Em segundo lugar, na elaboração do orçamento entram diversas variáveis existindo algumas com previsão complicada, o que obriga à realização de pressupostos um pouco dúbios. Existem variáveis que influenciam a avaliação de um determinado gestor e sobre as quais ele não tem controlo. A análise de desvios é considerada uma avaliação de desempenho de curto prazo, deste modo, os gestores maioritariamente tomam decisões que têm impacto no curto prazo, mas que por vezes podem condicionar os interesses a longo prazo da empresa. Finalmente, os desvios encontrados dependem dos sistemas de custeio utilizados, por exemplo, os custos indiretos são afetados aos vários departamentos, utilizando bases de imputação que por vezes são arbitrárias e influenciando a avaliação dos gestores. Estes poderão ser responsabilizados por isso, sem terem tido nenhuma ação nessa atividade. Por vezes, isto implica algumas hostilidades por parte dos gestores.

Apesar das limitações descritas, o controlo orçamental tem a sua importância e deve ser utilizado, porém é necessário ter algumas precauções e minimizar as limitações descritas, por exemplo, melhorando o sistema contabilístico, utilizando outros indicadores e decompondo os desvios com base nas causas. Para a avaliação de desempenho também podem ser utilizados outros sistemas de informação como, por exemplo, *tableaux de bord* ou *balanced scorecard*.

7. Estudo de casos

Caso prático n.º 1

Responda às seguintes questões de escolha múltipla:

1. Um orçamento flexível é:
   a) Um orçamento para um ano atualizado periodicamente.
   b) Um orçamento ajustado de acordo com o volume de vendas real obtido.
   c) Um orçamento de longo prazo que pode ser atualizado.
   d) Um orçamento ajustado de modo a considerar os principais fatores estratégicos que foram modificados.

2. O processo de preparação do orçamento:
   a) Promove a coordenação e comunicação através dos departamentos da empresa.
   b) Aumenta a eficiência a nível contabilístico.
   c) Reduz o excesso de capacidade.
   d) Promove a automação da promoção.

3. Qual das seguintes afirmações é falsa?
   a) A gestão orçamental é a chave de sucesso para uma decisão.
   b) O ponto fulcral do orçamento é o planeamento.
   c) A orçamentação ajuda os gestores a determinarem os recursos necessários para atingirem os seus objetivos.
   d) A orçamentação é um registo contabilístico.

4. Para que os orçamentos sejam aceites por todos os funcionários o processo orçamental deverá ser:
   a) Autoritário.
   b) Participativo.
   c) Autocrático.
   d) Ditador.

5. Qual das seguintes afirmações pode ser considerada uma vantagem de um orçamento *bottom-up*?
   a) Utiliza o conhecimento de todos os funcionários para criar um orçamento justo.
   b) O método mais económico de elaborar um orçamento.
   c) Diminui o nível de negociação do orçamento entre os funcionários.
   d) Impede que seja utilizada uma folga orçamental.

6. O que se entende por um orçamento incremental?
   a) Um orçamento elaborado a partir do zero todos os anos.
   b) Apenas são elaborados elementos variáveis, excluindo custos fixos.
   c) Um orçamento baseado no ano anterior, ajustado por informações conhecidas.
   d) Um orçamento que permita que o resultado da empresa seja igual a zero.

Resolução:

1 b); 2 a); 3 d); 4 b); 5 a); 6 c).

8. Bibliografia relevante do capítulo

Burns, J., Quinn, M., Warren, L., & Oliveira, J. (2013). *Management accounting*. McGraw-Hill.

Datar, S., & Rajan, M. (2018). *Horngren's cost accounting – A managerial emphasis.* (16.ª edição). Pearson.

Ferreira, D., Caldeira, C., Asseiceiro, J., Vieira, J., & Vicente, C. (2014). *Contabilidade de gestão*. Rei dos Livros.

Guilding, C. (2014). *Accounting essentials for hospitality managers*. Routledge.

Harris, P. (2013). *Profit planning for hospitality and tourism*. Goodfellow Publishers.

Jones, T., Atkinson, H., Lorenz, A., & Harris, P. (2012). *Strategic Managerial Accounting*. Goodfellow Publishers.

Jordan, H., Neves, J., & Rodrigues, J. (2003). *O controlo de gestão*. Áreas Editora.

CAPÍTULO X
OS PRINCIPAIS ORÇAMENTOS DA EMPRESA

O plano anual ou a curto prazo tem como horizonte temporal o ano e compreende os programas das atividades a desenvolver durante o período e os objetivos e políticas a observar. São aqui incluídos os programas (conjuntos de metas, políticas, regulamentos, regras e recursos que são utilizados para dar curso à ação), os planos (o resultado das decisões que se tomam sobre as atividades que se executarão no ano seguinte e que têm implicações sobre os meios a utilizar para atingir os objetivos) e os orçamentos (tradução monetária dos planos de ação, correspondem a um compromisso sobre o que o gestor pensa conseguir fazer, tendo em conta as previsões).

Neste capítulo, demonstra-se a interação entre todos estes mapas previsionais até à elaboração final do balanço e da demonstração de resultados previsionais.

1. Programa e orçamentos

O orçamento anual/orçamento mestre/*master budget* é considerado um instrumento de planeamento de curto prazo onde são quantificados rendimentos, gastos, despesas, receitas, recebimentos e pagamentos. O orçamento anual é constituído por um conjunto de programas e orçamentos interdependentes e inicia-se com o programa de vendas em que a empresa define a sua posição no mercado.

Os programas são elaborados em quantidades (unidades físicas), e podem ser elaborados programas de vendas, de compras, produção, atividades das secções e todos os que forem necessários tendo em conta a atividade da empresa. Os programas são realizados tendo por base os períodos considerados relevantes para a empresa: trimestre, semestre, quadrimestre, bimestre, mensal, etc.

No programa de vendas são registadas as quantidades estimadas de produtos a vender ou serviços a prestar. No programa de compras são registadas as quantidades de matérias-primas/mercadorias a comprar. No programa de produção, com base no programa de vendas, são estimadas as unidades a produzir. Nos programas das secções são registadas as atividades exercidas por cada secção na respetiva unidade física (horas de funcionamento, horas-máquina).

Após a elaboração dos programas são executados os orçamentos, os quais correspondem a uma previsão dos gastos e rendimentos relacionados, direta e indiretamente, com o desenvolvimento da atividade da empresa. Numa primeira etapa, elaboram-se os orçamentos de exploração: vendas, custos do período, compras, custos das secções, gastos gerais, custos das compras, custo industrial do produto acabado, *stocks* de produtos acabados e semiacabados e *stocks* de matérias. Existe uma sequência orçamental, pois as funções de uma empresa estão interligadas, sendo necessário um importante trabalho de coordenação. As designações dos programas e orçamentos variam de acordo com a empresa e a atividade económica a que pertence. O programa de vendas é o primeiro a ser realizado no orçamento anual, uma vez que todos os outros orçamentos e programas são baseados neste. Todos os orçamentos devem ser realizados de um modo articulado. Podemos também dizer que o sistema de elaboração de orçamentos é interativo e contínuo. Ou melhor, um *output* de determinado orçamento será um *input* de outro orçamento. Este conjunto de orçamentos compreende, por um lado, os orçamentos operacionais (vendas, produção, compras) e, por outro, os orçamentos globais (*master budgets*), como são os casos dos orçamentos de tesouraria e financeiro, da demonstração dos resultados e do balanço previsional.

Como introdução, o esquema de interligação entre os vários orçamentos pode ser esquematizado conforme vemos na Figura 10.1., culminando na demonstração dos resultados.

FIGURA 10.1. – ORÇAMENTO ANUAL

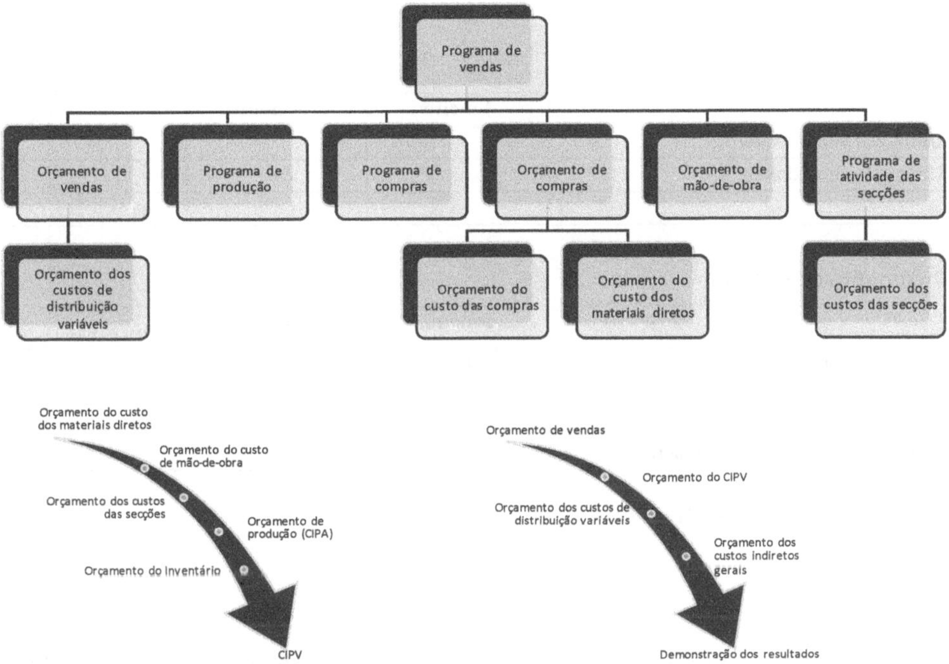

Fonte: Adaptado de Ferreira *et al.* (2014).

2. Programa e orçamento de vendas

No programa de vendas são indicadas as quantidades estimadas de venda. Consoante as situações, pode ser elaborado mensalmente, trimestralmente, semestralmente ou anualmente. Neste programa são colocados todos os produtos ou serviços pertencentes à atividade da empresa. No orçamento de vendas podem ser colocadas as quantidades vendidas, o preço e o valor das vendas orçamentadas. Deve ser colocado também o prazo médio de recebimentos. Neste orçamento, estando num mercado que não é perfeito, deverá ser indicado o valor do IVA. Deste modo, é apresentado o valor das vendas sem IVA, que é utilizado na demonstração dos resultados, o valor do IVA, que é utilizado no mapa previsional de apuramento de IVA, e o valor das vendas com IVA, que é utilizado no orçamento de tesouraria.

A título de exemplo, o programa de vendas e o orçamento de vendas poderão obedecer ao modelo seguinte:

Programa de vendas

	Janeiro	Fevereiro	...
Unidades vendidas de A			
Unidades vendidas de B			
...			

Orçamento de vendas

	Janeiro	Fevereiro	...
Unidades vendidas de A	Qa		
Preço de A	Pa		
Vendas orçamentadas de A sem IVA	QaxPa		
IVA	%xQaxPa		
Vendas orçamentadas de A com IVA	QaxPa + IVA		

Exemplo:

A CanyoningMadeira é uma empresa de animação turística situada no Funchal. Esta empresa dedica-se à atividade de *canyoning* (três níveis), que é realizada em diversas ribeiras da Madeira. Pretende-se que sejam elaborados um programa e um orçamento de vendas para o primeiro trimestre de 2023. Os preços variam de acordo com os níveis (ver tabela). O mês de janeiro é o mês em que existe menor procura. Estima-se que em janeiro de 2023 existam cerca de 50 participantes, sendo que este número em termos totais cresce 20% em fevereiro e cresce mais 10% em março. Considere o IVA a 23%.

Níveis	Preços (sem IVA)	% de participantes
1	70 €	50%
2	80 €	30%
3	100 €	20%

Resolução:

Programa de vendas

Níveis	J	F	M
1	25	30 (b)	35
2	15	18	21
3	10	12	14
Total	50	60 (a)	70

(a) 50 x 1,2
(b) 60 x 50%

Orçamento de vendas

Níveis	Preço	Janeiro	Fevereiro	Março
1	70 €	1750 € (1)	2100 €	2450 €
2	80 €	1200 €	1440 €	1680 €
3	100 €	1000 €	1200 €	1400 €
Subtotal		3950 € (2)	4740 €	5530 €
IVA		909 € (3)	1090 €	1272 €
Total		4859 € (4)	5830 €	6802 €

(1) 70 € x 25
(2) 1750 € + 1200 € + 1000 €
(3) 3950 € x 0,23
(4) 3950 € + 909 €

3. Programa e orçamento de produção

O programa de produção é utilizado para calcular as quantidades produzidas, as quais são baseadas nas unidades vendidas e na política de inventário utilizada para os produtos acabados. As quantidades a produzir são calculadas de acordo com a fórmula seguinte.

Unidades produzidas = unidades vendidas + saldo final dos produtos acabados – saldo inicial dos produtos acabados

O orçamento do custo industrial do produto acabado determina o custo de produção estimado para as unidades produzidas calculadas no programa de produção. O orçamento é elaborado tendo em conta orçamentos já realizados: material direto – orçamento do custo de compras; custos de transformação – orçamento de mão-de-obra direta/orçamento do custo de secções.

Programa de produção

	Janeiro	Fevereiro	...
Unidades vendidas	U1		
+ Unidades desejadas em inventário final	EG		
– Unidades em inventário inicial	BG		
Unidades produzidas	U1 + EG – BG		

Mapa do custo industrial do produto acabado orçamentado

	Janeiro	Fevereiro	...
+ Material direto			
+ Mão-de-obra direta			
+ Gastos gerais			
+ Existência inicial de produtos em vias de fabrico			
– Existência final em produtos em vias de fabrico			
= Custo industrial do produto acabado			
+ Inventário inicial de produtos acabados			
– Inventário final de produtos acabados			
= Custo Industrial do produto acabado e vendido			

EXEMPLO:

A padaria XA fabrica diversos tipos de bolos. Necessita dos seguintes ingredientes: farinha, fruta, leite, sal e água. Um kg de farinha é usado por tabuleiro de bolos produzido. A farinha custa 1 €/kg. No final do mês, o pasteleiro gosta de manter sempre um *stock* de 10% do consumo do mês seguinte. Os bolos são cozidos em tabuleiros que contêm 25 bolos. No final de cada mês, o chefe quer um *stock* de 5% das vendas estimadas do mês seguinte. No dia 1 de abril, estão 125 bolos em *stock* mensurados a 184,53 €. Além da farinha, são utilizados 2 l de leite por cada tabuleiro, assim como 250 g de fruta. O leite custa 1,25 €/l e a fruta 2,50 €/kg. Por cada tabuleiro de bolos produzido, são imputados 2 € relativamente à energia utilizada. Em cada mês é atribuído um custo fixo de 200 € à produção de bolos.

	Custo por hora	tempo / 10 tabuleiros
Chefe de pastelaria	€ 22/h	5 h
Assistente de pastelaria	€ 14/h	2 h

	Abril	Maio	Junho	Julho
Unidades vendidas	2500	3000	3000	2500

a) Elabore o programa de produção relativamente aos meses de abril, maio e junho.
b) Elabore o orçamento de produção.

Resolução:

Programa de produção

	Abril	Maio	Junho
Unidades vendidas	2500	3000	3000
+ Unidades desejadas em inventário final	150 (2)	150	125
- Unidades em inventário inicial	125	150	150
Unidades produzidas	2525 (1)	3000	2975

(1) 2500 + 150 - 125

(2) 3000 x 5%

Orçamento de produção

	Abril	Maio	Junho
Número de tabuleiros	101 (1)	120	119
Material direto			
Farinha	101,00 € (2)	120,00 €	119,00 €
Leite	252,50 € (3)	300,00 €	297,50 €
Fruta	1578,13 €	1875,00 €	1859,38 €
Mão-de-obra direta			
Chefe	1111,00 €	1320,00 €	1309,00 €
Assistente	282,80 €	336,00 €	333,20 €
Gastos gerais			
Energia	202,00 €	240,00 €	238,00 €
Fixos	200,00 €	200,00 €	200,00 €
Custo industrial do produto acabado	3727,43 €	4391,00 €	4356,08 €
+ Inventário inicial de produtos acabados	184,53 €	221,43 €	219,55 €
– Inventário final de produtos acabados	221,43 €	219,55 €	183,03 €
Custo industrial do produto acabado e vendido	3690,52 €	4392,88 €	4392,60 €

(1) 2525 / 25

(2) 101 x 1 x 1 €

(3) 101 x 2 x 1,25 €

Estes mapas podem ser alterados tendo em conta a situação específica de cada empresa, por exemplo, para uma empresa de serviços, este mapa poderá ser adaptado tendo em conta os itens que entram para o custo da prestação de serviços em questão.

4. Orçamento dos custos de transformação

Este orçamento por vezes designa-se por orçamento dos custos das secções, onde são determinados os custos de funcionamento das diferentes secções industriais e de aprovisionamento, a partir da atividade prevista no respetivo programa. Deverão ser considerados custos variáveis e fixos. Os coeficientes de imputação são utilizados para realizar a redistribuição dos custos das secções auxiliares e para mensurar os custos a imputar aos produtos/serviços.

Por vezes, existem casos em que as empresas, em vez de utilizarem orçamentos para as secções, utilizam separadamente um orçamento para a mão-de-obra e outro para os gastos gerais de fabrico, conforme as tabelas que se seguem.

Orçamento de mão-de-obra

	Janeiro	Fevereiro	...
Horas-homem necessárias	H		
Custo por hora	c		
Custo de pessoal orçamentado	H x c		

Orçamento de gastos gerais de fabrico

	Janeiro	Fevereiro	...
Unidades de indutor de custo	H		
Coeficiente de imputação	c		
Gastos gerais orçamentados	H x c		

EXEMPLO:

De acordo com o exemplo do ponto anterior, elabore o orçamento de mão-de-obra para abril, maio e junho.

	Abril	Maio	Junho
N.º Tabuleiros	101	120	119
Chefe — horas	50,5	60	59,5
Assistente — horas	20,2	24	23,8
Chefe €	1111,00 €	1320,00 €	1309,00 €
Assistente €	282,80 €	336,00 €	333,20 €

5. PROGRAMA E ORÇAMENTO DE COMPRAS

O valor das compras orçamentado é calculado com base nas quantidades previstas adquirir no programa de compras e respetivos custos de aquisição. A estimativa das quantidades das diversas matérias que devem ser adquiridas é elaborada a partir dos consumos realizados pelas secções industriais e não industriais. Também dependem da política de inventários que a empresa quer seguir. As unidades a comprar são calculadas com base na fórmula seguinte.

Unidades a comprar = unidades consumidas + saldo final das matérias-primas – saldo inicial das matérias-primas

Para apurar as unidades a consumir é necessária informação das unidades a produzir, que está no programa de produção e do consumo unitário padrão. Quando existem custos internos que devem ser imputados às compras, deve ser elaborado um orçamento do custo das compras. Neste orçamento deve constar tanto o custo de aquisição como os custos internos que são afetados, por exemplo, custos de armazém. Juntamente com este orçamento, pode ser elaborado o orçamento de inventário de matérias-primas, onde colocamos a quantidade de existências em armazém assim como o respetivo custo.

Já o orçamento de *stocks* de produtos acabados e semiacabados é construído a partir das quantidades de produtos acabados e semiacabados que se prevê ter em existências finais no programa de produção, valorizadas ao custo industrial da produção acabada unitário previsto no respetivo orçamento.

Programa e orçamento de compras

	Janeiro	Fevereiro	...
Unidades de material necessárias	U1		
+ Unidades desejadas no inventário final	EG		
– Unidades no inventário inicial	BG		
Unidades a comprar	U1 + EG – BG		
Custo por unidade	c		
Custo dos materiais comprados	UP x c		

Exemplo:

Considerando o mesmo exemplo, elabore o programa de compras e orçamento de compras da farinha em relação aos meses de abril e maio. Considere o IVA a 6%.

Programa de compras

Kg	Abril	Maio
Existência final	12	11,9
Consumo de farinha	101	120
Existência inicial	10,1	12
unidades a comprar	102,9	119,9

Orçamento de compras

	Abril	Maio
Preço	1,00 €	1,00 €
subtotal	102,90 €	119,90 €
IVA	6,17 €	7,19 €
Total	109 €	127 €

6. Orçamento de custos não industriais

Este orçamento destina-se aos custos de funcionamento que estão relacionados com as funções de distribuição, administração, investigação e financiamento. Os custos de distribuição referem-se aos custos necessários para vender e entregar os produtos/serviços aos clientes (política comercial). Exemplos: transportes de produtos vendidos e as comissões a pagar a vendedores. Deverão ser mencionados se os custos são variáveis ou fixos. Os custos administrativos estão relacionados com a função da administração, por exemplo, ordenado do gestor de topo. Já os custos de investigação e desenvolvimento reportam-se aos custos ligados às atividades que visam a obtenção de novos conhecimentos científicos, os quais são posteriormente aplicados na conceção de novos produtos ou serviços. Quanto aos custos de financiamento, estão relacionados com encargos com financiamentos contraídos, como por exemplo juros a pagar.

Orçamento de custos não industriais

	Janeiro	Fevereiro	...
Comissões de vendas			
Salários de vendas			
Salários administrativos			
...			
Total			

7. Orçamento de investimentos

No orçamento de investimentos são registados os investimentos e os desinvestimentos. Engloba a aquisição de equipamentos, a ampliação do edifício e investimentos de substituição e deve incluir também os valores de abate. Os itens deste orçamento devem estar agrupados de acordo com as rubricas do ativo fixo tangível e por secção.

Orçamento de investimentos (exemplo)

	Alojamento	Alimentação e bebidas	*Spa*
Terrenos e recursos naturais			
Edifícios e outras construções			
Equipamento básico			
Equipamento de transporte			
....			

8. A relação com os orçamentos de tesouraria e financeiro

O orçamento de tesouraria tem como objetivo prever o saldo de tesouraria ao longo dos vários meses, o que resulta da diferença entre os totais estimados de recebimentos e de pagamentos. Nalguns meses, o saldo de tesouraria pode ser negativo, neste caso, é necessário recorrer a um empréstimo para cobertura do saldo (orçamento financeiro). Se existirem excedentes de tesouraria, podemos optar por aplicações (orçamento financeiro). Daí ser benéfico elaborar o orçamento de tesouraria juntamente com o financeiro, o que realizaremos neste subcapítulo.

Os recebimentos do orçamento de tesouraria podem estar relacionados com várias categorias como, por exemplo: vendas efetuadas em períodos anteriores de acordo com o prazo médio de recebimentos definido e cujo montante está refletido no balanço inicial na conta clientes; vendas efetuadas no período de acordo com o orçamento de vendas; outros rendimentos; retenções na fonte sobre os ordenados por conta do trabalhador.

Os pagamentos estão relacionados com: despesas de períodos anteriores que dependem do prazo médio de pagamento cujo montante está refletido no balanço inicial; despesas associadas à atividade do ano (compras, fornecimentos e serviços externos) a partir das estimativas efetuadas e dos respetivos prazos médios de pagamento; custos de distribuição variáveis; gastos com pessoal e respetivos encargos sociais; regularizações do IVA.

À diferença entre recebimentos e pagamentos chamamos saldo de tesouraria, o qual pode ser negativo ou positivo.

O orçamento financeiro é elaborado juntamente com o orçamento de tesouraria e reflete as necessidades de financiamento e as aplicações de excessos de tesouraria. São registados os financiamentos a efetuar, os juros e as amortizações de empréstimo, as aplicações, os juros a receber e a redução de aplicações. Em relação ao saldo final do orçamento de tesouraria e financeiro, existem duas hipóteses: saldo mínimo ou saldo igual a um determinado valor. Uma destas hipóteses deverá ser selecionada pelo gestor da empresa de acordo com a gestão de tesouraria definida.

O orçamento de tesouraria normalmente é elaborado mensalmente e pode-lhe ser acrescentada uma coluna onde se coloca os valores que devem ser inseridos no balanço. Por exemplo, o valor das vendas que a empresa não recebeu e pertence à conta clientes que está no balanço previsional. Para realizar o orçamento de tesouraria poderá ser preenchida a seguinte tabela:

	Janeiro	Fevereiro	Março	....	Total	Balanço
Recebimentos						
Vendas do ano anterior	a					
Vendas do ano corrente	b					
Retenções na fonte IRS	c					
Retenções na fonte SS	d					
Total de recebimentos (E)	E = a + b + c + d					
Pagamentos						
Compras do ano anterior	f					
Compras do ano corrente	g					
FSE	h					
Remunerações brutas	i					
IRS	j					
Segurança Social — trab.	l					
Segurança Social — Ent.	m					
IVA	n					
Total de pagamentos (O)	O = f + g + h + i + j + l + m + n					
Saldo de Tesouraria (P)	P = E – O					
Saldo inicial	Q					
Subtotal (Z)	Z= P + Q					
Empréstimos (+)	r					
Amortização de empréstimos (–)	s					
Juros a pagar (–)	t					
Aplicações (–)	u					
Redução de aplicações (+)	v					
Juros a receber (+)	x					
Saldo final	Y = Z + r – s – t – u + v + x					

Exemplo:

O senhor XB está a inaugurar o restaurante XC. Hoje, dia 1 de março de 2022, inicia a sua atividade. O capital do restaurante é de 12 000 €, tendo sido realizado em dinheiro, o qual foi depositado à ordem no Banco XD. O espaço do restaurante foi adquirido através dum *leasing* de 20 000 € que se traduz no pagamento de juros de 12% (taxa anual) no último dia de cada mês e no pagamento de uma renda anual de 4000 € (repartida por trimestre). A primeira parte da renda é paga no dia 1 de março.

O equipamento necessário foi adquirido no primeiro dia e custou 9000 €. Foi também adquirido material de cutelaria e louça no valor de 2000 €. Prevê-se a existência de perdas, sendo necessário a reposição deste material todos os meses em cerca de 5%. Esta reposição iniciar-se-á no mês de abril. As remunerações líquidas são de 2800 € por mês. As compras são iguais a 50% das vendas. Todas as vendas, assim como os pagamentos das compras, são a pronto pagamento. Previsão das vendas: março 4400 €, abril 5900 € e maio 6000 €. O pagamento de outras despesas diversas será de 300 € em março e sofrerá um aumento de 10% todos os meses. Considere que não existe IVA no mercado onde este restaurante opera.

Elabore o orçamento de tesouraria e financeiro (para os meses de março, abril e maio), realçando quanto é que o Sr. XB terá de pedir ao banco, através duma linha de crédito, todos os meses, para ultrapassar esta fase crítica de início de negócio. Os juros destes empréstimos são pagos na altura da amortização e a taxa de juro anual é de 12%. É necessário que tenha no final de cada mês um saldo de tesouraria de 300 €.

Resolução:

	Março	Abril	Maio
Recebimentos			
Vendas	4400 €	5900 €	6000 €
Total de recebimentos	4400 €	5900 €	6000 €
Pagamentos			
Juros de *leasing*	200 €	200 €	200 €
Renda	1000 €		
Equipamento	9000 €		
Cutelaria	2000 €	100 €	100 €
Salários	2500 €	2500 €	2500 €
Compras	2200 €	2950 €	3000 €
	Março	Abril	Maio
Outras despesas	300 €	330 €	363 €
Total de pagamentos	17 200 €	6080 €	6163 €
Saldo de Tesouraria	-12 800 €	-180 €	-163 €
Saldo inicial	12 000 €	300 €	300 €
Subtotal	-800 €	120 €	137 €
Empréstimos	1100 €	180 €	163 €
Amortizações de empréstimos			
Juros de empréstimos			
Saldo Final	300 €	300 €	300 €

9. Demonstração dos resultados previsional

Este mapa estima o resultado anual ou mensal de acordo com o objetivo em questão. Existem muitas informações que advêm dos orçamentos anteriormente elaborados. O valor dos rendimentos está estimado no orçamento das vendas, não esquecendo que o valor utilizado é o valor sem IVA. O custo das vendas e dos serviços prestados depende do tipo de empresa em questão. No que diz respeito a uma empresa industrial, o valor é obtido através do produto das quantidades vendidas pelo custo padrão. A multiplicação da quantidade que se estimou vender no programa de vendas pelo custo industrial do produto acabado unitário (orçamento custos de produção) resulta no custo das vendas. Neste caso, assume-se o pressuposto de que o sistema de custeio total é o utilizado.

Os gastos de distribuição são os gastos relacionados com a função distribuição, sejam estes fixos ou variáveis. Já os gastos administrativos são os gastos ligados à função administração. Nos gastos de financiamentos são colocados os ganhos ou as perdas financeiras, por exemplo, os juros de empréstimos e de aplicações.

A tabela seguinte apresenta um resumo dos itens da demonstração de resultados previsional e dos orçamentos onde se recolhem as respetivas informações.

Item	Orçamento de origem
Vendas	Orçamento de vendas
Custo das vendas e dos serviços prestados	Programa de vendas + Orçamento do CIPV
Resultado Bruto	
Gastos de distribuição	Orçamento dos custos de distribuição variáveis + Orçamento dos custos indiretos gerais
Gastos administrativos	Orçamento dos custos indiretos gerais
Gastos de investigação e desenvolvimento	
Resultado operacional	
Gastos de financiamento	Orçamento financeiro
Resultado antes de impostos	

10. Orçamento operacional de alimentação e bebidas

A operação de alimentação e bebidas (A&B) nos hotéis representa frequentemente um desafio para os hoteleiros. De facto, sendo o alojamento o *core business* da maioria das unidades hoteleiras, o sector de A&B acaba por representar, por vezes, um mal necessário. Em alguns casos, o serviço de A&B foi reduzido para o mínimo exigido por lei. A razão deste cenário prende-se com as características das operações de A&B.

Efetivamente, as operações de A&B exigem uma equipa numerosa (elevados custos com pessoal) com horários de trabalho difíceis de gerir. Ainda na área dos recursos humanos, enfrentam, em algumas áreas específicas, falta de mão-de-obra qualificada, uma elevada taxa de absentismo e elevada rotação de pessoal. Os desafios não estão apenas na gestão de recursos humanos, pois as operações de A&B apresentam níveis de vendas incertos/inconstantes e margens inferiores ao sector do alojamento, necessitam de produtos perecíveis, comportam mais custos variáveis, competem com uma concorrência muito elevada, envolvem riscos associados à saúde pública, requerem uma gestão simultânea da produção e do serviço, numa mesma unidade podem existir operações de A&B muito distintas a decorrer ao mesmo tempo, entre outros.

Contudo, também existem casos de sucesso que se apoiam numa gestão competente e rigorosa. É neste âmbito que serão aqui apresentadas ferramentas de apoio à gestão de A&B, nas quais se enquadra o orçamento operacional de A&B. Esta ferramenta cumpre dois objetivos principais de gestão: planear e monitorizar para corrigir.

A elaboração do orçamento operacional de A&B permite ao diretor deste departamento traçar metas e definir estratégias, quer ao nível das vendas quer ao nível dos recursos necessários: custos de alimentação e bebidas, custos com pessoal e outros custos operacionais. Este trabalho de planeamento é feito anualmente e dividido por períodos adaptados à realidade de cada empresa: mensais, semanais, diários, para o seu controlo de execução.

Os valores previstos para o exercício em curso (ou potenciais, ou orçamentados) são comparados com os valores reais, de forma a identificar eventuais desvios. No caso de se verificar a existência de desvios, o orçamento deve ser ajustado para compensar as diferenças nos meses seguintes e assim atingir o objetivo anual. Por outro lado, é útil comparar os valores reais com os valores do exercício anterior, assim como observar o valor acumulado ao longo do exercício, por forma a verificar a execução global dos objetivos traçados.

Trata-se de um trabalho de previsão que deverá ter em conta fatores externos e internos assim como o histórico de vendas e de custos do departamento.

No que diz respeito aos fatores externos, identificamos a conjuntura económica e social nacional e internacional, a política fiscal, a localização, a sazonalidade, a evolução dos hábitos de consumo, o enquadramento legal, a oscilação dos preços das matérias-primas, as novas tecnologias, as novas tendências, a inovação e desenvolvimento de novos produtos alimentares e de novos equipamentos de confeção e conservação, entre outros.

Quanto aos fatores internos, deve-se ter em conta o ciclo de vida da empresa, a estrutura do edifício, a aposta por parte da administração no sector de A&B, os planos de *marketing*, o conceito do estabelecimento, a estrutura de recursos humanos, entre outros.

O orçamento operacional de A&B deve estar organizado por secção/ponto de venda, por exemplo: restaurante, bar, *catering*, *room-service*, minibar, entre outros. Também pode ser útil isolar os tipos de refeição: pequenos-almoços, *brunchs*, almoços, jantares e ainda o tipo de serviço: à carta, *buffet*, empratado. Noutros casos, pode ainda ser pertinente separar por regime de refeição: meia-pensão, pensão completa, tudo incluído. Cada secção, cada tipo de serviço/refeição apresenta custos, preços e potenciais de venda distintos.

Esta separação irá permitir ao gestor de A&B ter uma visão mais detalhada da operação e traçar objetivos mensuráveis para cada caso concreto. Não terá muita utilidade fazer uma previsão de vendas prevendo um aumento de 3% sem definir de onde será proveniente este aumento, se do aumento do número de refeições vendidas, se de um aumento de preço nas cartas, se do aumento do gasto médio por cliente.

A gestão de um pequeno-almoço servido em *buffet* difere da gestão de um serviço de pequeno-almoço à carta; dando outro exemplo, nos hotéis, tradicionalmente, os almoços apresentam um comportamento muito diferente dos jantares tendo em conta a localização e público-alvo. Aliás, numa mesma unidade hoteleira, podemos ter dois restaurantes ou dois bares dirigidos a segmentos muito distintos.

Para elaborar o orçamento operacional de A&B é necessário ter a seguinte informação organizada por pontos de venda e tipo de serviço:

- Volume de venda do ano anterior, por dia ou por mês, consoante a operação;
- Volume de venda previsto para o ano seguinte, por dia ou por mês;
- Preços médios da procura do ano anterior;
- Previsão dos preços médios da procura para o ano seguinte;
- Previsão dos preços da oferta;
- Rácios de custos de A&B, por tipo de serviço do ano anterior;
- Previsão dos rácios de custos de A&B, por tipo de serviço;
- Custos com pessoal do ano anterior;
- Previsão dos custos com pessoal para o ano seguinte;
- Outros custos operacionais;
- Previsão dos outros custos operacionais para o ano seguinte.

Apresenta-se de seguida um exemplo de orçamento operacional anual do departamento de A&B com vários pontos de vendas, também frequentemente designados *outlets* ou secções: pequeno-almoço, restaurante, bar, serviços de banquetes, *room-service* e minibar. As vendas e custos de alimentação e bebidas devem ser separados e apenas se consideram as bebidas alcoólicas na rúbrica bebidas. Para preencher este mapa é ainda necessária uma folha de dados com as estatísticas: número de refeições por secção, preços, rácios de custos de alimentação e bebidas por secção. Todos os valores monetários considerados são apresentados sem IVA.

Exemplo de estrutura do orçamento operacional de A&B:

Orçamento Operacional de Alimentação e Bebida (A&B)

	Ano anterior		Orçamentado		Variação	
	€	%	€	%	€	%
Ponto de venda 1						
Vendas alimentação						
Custo alimentação						
Vendas bebidas						
Custo bebidas						
Margem bruta						
Ponto de venda 2						
Vendas alimentação						
Custo alimentação						
Vendas bebidas						
Custo bebidas						
Margem bruta						
Total vendas alimentação						
Total vendas bebidas						
Total vendas A&B						
Total custos alimentação						
Total custos bebidas						
Total custos A&B						
Total custo com pessoal						
Total outros custos operacionais						
Total custos						
Resultado Bruto Operacional do departamento de A&B						

EXEMPLO:

Pretende-se apurar o resultado operacional bruto de um departamento de A&B para o ano N.

Conside um hotel, classificado com quatro estrelas, com 100 quartos, que apresenta uma taxa de ocupação quarto média de 60% e de ocupação dupla de 50%. O departamento de A&B deste hotel inclui um restaurante e um bar e serve ainda pequenos-almoços.

Para o ano N, apuraram-se os seguintes dados das vendas:

- Pequeno-almoço para todos os hóspedes a 5,54 €.

- Restaurante do tipo tradicional, aberto ao jantar:
    - Capacidade: 50 lugares;
    - Taxa de rotação média ao almoço: 40%;
    - Taxa de rotação média ao jantar: 80%;
    - Preço médio da procura ao almoço: 13,70 € em alimentação e 2,20 € em bebida;
    - Preço médio da procura ao jantar: 19,70 € em alimentação e 4,30 € em bebida.
- Bar:
    - Capacidade para 50 pessoas sentadas;
    - 20 clientes em média por dia;
    - Preço médio da procura: 5,40 € em alimentação e 12,20 € em bebida.

Relativamente aos dados dos custos de A&B, apuraram-se os seguintes rácios:

Custos	Alimentação	Bebidas
Pequeno-almoço	32%	-
Almoço	29%	17%
Jantar	32%	19%
Bar	26%	16%

Custos com pessoal = 222 234,50 €
Outros custos operacionais = 54 000 €
Estes dados permitem calcular o resultado bruto operacional para o ano N:

- Pequeno-almoço:

Cálculos auxiliares:

➢ N.º de quartos ocupados por dia:

100 quartos x 60% = 60 quartos ocupados em média por dia

➢ N.º de hóspedes por dia:

(60 quartos x 50%) + 60 quartos = 90 hóspedes em média por dia
Vendas pequeno-almoço: 90 x 365 dias x 7,64 € = 250 974,00 €
Custos alimentação pequeno-almoço: 250 974,00 € x 32% = 80 311,68 €
Margem bruta do pequeno-almoço: 250 974,00 € – 80 311,68 € = 170 662,32 €

- Restaurante:

Vendas alimentação almoço: (40% x 50 lugares) x 13,70 € x 365 dias = 100 010,00 €
Vendas bebidas almoço: (40% x 50 lugares) x 2,20 € x 365 dias = 16 060,00 €
Custos alimentação almoço: 100 010,00 € x 29% = 29 002,90 €

Custos bebidas almoço: 16 060,00 € x 17% = 2730,20 €
Vendas alimentação jantar: (80% x 50 lugares) x 19,70 € x 365 dias = 287 620,00 €
Vendas bebidas jantar: (80% x 50 lugares) x 4,30 € x 365 dias = 62 780,00 €
Custos alimentação jantar: 287 620,00 € x 29% = 92 038,40 €
Custos bebidas jantar: 62 780,00 € x 17% = 11 928,20 €
Margem bruta do restaurante: (100 010,00 € + 16 060,00 € + 287 620,00 € + 62 780,00 €) – (29 002,90 € + 2730,20 € + 92 038,40 € + 11 928,20 €) = 251 930,30 €

– Bar:

Vendas alimentação bar: 20 clientes x 5,40 € x 365 dias = 39 420,00 €
Vendas bebidas bar: 20 clientes x 12,20 € x 365 dias = 89 060,00 €
Custos alimentação bar: 39 420,00 € x 26% = 10 249,20 €
Custos bebidas bar: 89 060,00 € x 16% = 14 249,60 €
Margem bruta bar: (39 420,00 € + 89 060,00 €) – (10 249,20 € + 14 249,60 €) = 103 981,20 €

Total de vendas de A&B = 845 924,00 €
Total de custos de A&B = 240 510,18 €
Total de custos departamento A&B = 240 510,18 € + 222 234,50 € + 54 000 € = 516 744,68 €
Resultado bruto operacional de A&B = 845 924,00 € – 516 744,68 € = 329 179,32 €

11. Orçamento operacional de alojamento

O departamento de alojamento é tradicionalmente responsável pela maior parte da receita dos hotéis. Por outro lado, e comparando com o departamento de alimentação e bebidas, apresenta menos custos variáveis e mais custos fixos, margens mais largas, requerendo assim uma abordagem de gestão diferente.

A definição dos preços está cada vez mais associada às técnicas de *revenue management*, contudo, independentemente da utilização destas técnicas, é fulcral que as empresas hoteleiras definam um intervalo de preços adaptados a cada segmento de mercado. Para cada intervalo será definido um conjunto de preços que poderá variar tendo em conta vários fatores como a época para a qual é feita a reserva (época alta/época baixa; semana/fim de semana, etc.) a antecedência da reserva, a duração da estadia, entre outros.

No orçamento, o preço utilizado será o preço médio para cada segmento e as quantidades previstas de venda correspondentes. Serão ainda necessários os seguintes dados:

- *Mix* de vendas por segmento;
- Preço médio por segmento (ADR);
- Taxa de ocupação quarto média;
- Outras fontes de rendimento e respetivo valor;
- Custos com pessoal;
- Outros custos operacionais do departamento de alojamento.

Orçamento Operacional de Alojamento

	Ano anterior		Orçamentado		Variação	
	€	%	€	%	€	%
Segmento 1						
Subsegmento 1						
Subsegmento 2						
Subsegmento 3						
Subsegmento 4						
Subsegmento 5						
Subsegmento 6						
Total segmento 1						
Segmento 2						
Subsegmento 1						
Subsegmento 2						
Subsegmento 3						
Subsegmento 4						
Total segmento 2						
Outros rendimentos						
Rendimentos totais						
Custos do departamento de alojamento						
Custos com pessoal						
Outros custos						
Total custos						
Resultado Bruto Operacional do alojamento						

Exemplo:

Considerando um hotel com dez quartos, classificado com cinco estrelas, que apresenta os valores de venda apresentados abaixo, pretende-se apurar o valor do resultado operacional do departamento de alojamento.

Individuais	Preço médio	quartos vendidos/dia	*Mix* de vendas
Best Available Rate (BAR)	250,00 €	4	50%
Promocional	180,00 €	1	13%
OTA's	220,00 €	3	38%
Total/média	216,67 €	8	100%
Quartos ocupados	8		
Quartos disponíveis	10		
Taxa de ocupação	80,00%		

1. Em primeiro lugar, deve ser calculado o valor de vendas anual, considerando um período de funcionamento de 365 dias.

   Vendas anuais BAR: 4 x 250,00 € x 365 = 365 000,00 €
   Vendas anuais promocionais: 1 x 180,00 € x 365 = 65 700,00 €
   Vendas anuais OTA's: 3 x 220,00 € x 365 dias = 240 900,00 €
   Somando os três valores de vendas apurados obtém-se o total de vendas = 671 600,00 €

2. De seguida, apuram-se os custos operacionais, sendo que as comissões para OTA's são de 25%, os custos com pessoal atingem os 257 120,00 € e os outros custos (*amenities*, produtos de limpeza, roupa de quarto e de casa de banho) constituem o montante de 19 284,00 €.

   Comissões anuais: 240 900,00 € x 25% = 60 225,00 €
   Somando as comissões aos custos com pessoal e outros custos, é possível calcular os custos operacionais do departamento: 336 629,00 €.

3. Podemos agora calcular o resultado operacional do departamento de alojamento. Para tal, basta subtrair os custos operacionais ao total de vendas do departamento: 671 600,00 € – 336 629,00 €. = 334 971,00 €.

12. Balanço previsional

O conjunto de orçamentos atrás elaborado permite ainda elaborar o balanço previsional (Figura 10.2.). Este mapa representa a estimativa do património de uma empresa num dado momento. É considerado um quadro síntese cujos elementos são retirados de todos os orçamentos já elaborados.

FIGURA 10.2. – ELABORAÇÃO DO BALANÇO PREVISIONAL

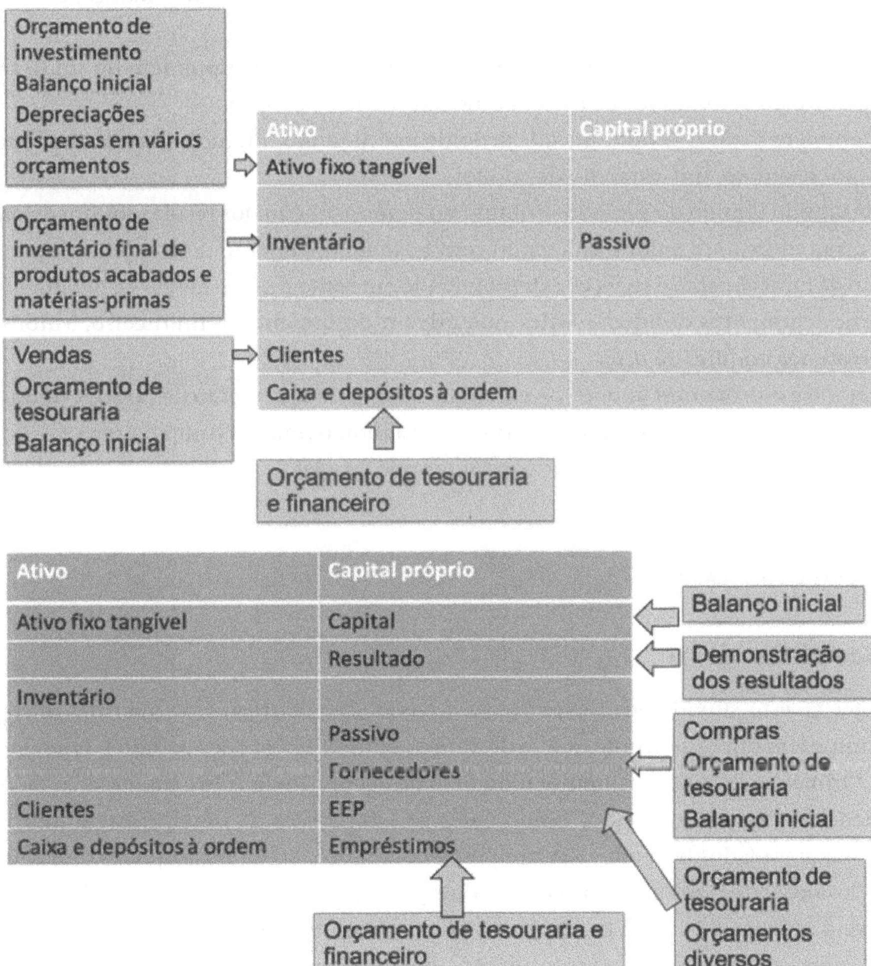

Fonte: Elaboração própria.

Ativo fixo tangível — inclui o valor inicial do ativo fixo tangível, corrigido dos investimentos e desinvestimentos que se preveem efetuar, deduzidas as depreciações contabilizadas na demonstração dos resultados, ou no orçamento das secções, e no orçamento dos custos não industriais.

Inventário — o valor é encontrado no orçamento de inventários de matérias e de produtos acabados.

Clientes — o valor é calculado com base no orçamento de vendas e na definição do prazo médio de recebimento. Tem também em conta o valor inicial do balanço, prevendo ou não a sua cobrança no ano do orçamento.

Disponibilidades — advêm do orçamento financeiro. Correspondem ao saldo final desse ano e ao valor das aplicações financeiras no final do ano.

Capital realizável — valor inicial corrigido por algumas alterações que tenham ocorrido, por exemplo, um aumento de capital.

Resultado líquido do período — obtido na demonstração dos resultados previsional.

Fornecedores — o valor é calculado com base no orçamento de compras e no orçamento de fornecimento e serviços externos, tendo em conta o prazo médio de pagamentos.

Financiamentos obtidos — valor que advém do orçamento financeiro. Valor dos empréstimos no final do ano.

Estado e outros entes públicos — valor que advém do orçamento de pessoal (mão-de-obra) e do mapa de apuramento do IVA previsional, tendo em conta o prazo médio de pagamentos à autoridade tributária e à segurança social.

13. Estudo de casos

Estudo de caso n.º 1:

O hotel XE está situado em Torres Novas e possui 200 quartos. Está aberto 7 dias por semana e tem um restaurante que se destina apenas aos hóspedes do hotel. Em relação ao 2.º trimestre de 2023 estimou-se uma taxa de ocupação de 70% e uma média de dois hóspedes por quarto ocupado. Tendo em conta os registos do hotel, existe a informação de que 90% dos hóspedes tomam pequeno-almoço, 40% dos hóspedes almoçam e 70% dos hóspedes jantam. Os preços médios por refeição (sem IVA) são de: 10 € para o pequeno-almoço, 22 € para o almoço e 36 € para o jantar. O IVA é de 13%.

- Prevêem-se as seguintes aquisições de comidas e bebidas ao longo do ano. Estes valores estão sujeitos a um IVA de 6%. O hotel não efetua inventários.

1.º Trimestre: 90 000 €/mês.
2.º Trimestre: 100 000 €/mês.
3.º Trimestre: 50 500 €/mês.
4.º Trimestre: 80 000 €/mês.

Em relação aos gastos com pessoal do departamento de alimentação e bebidas, sabemos que os ordenados base são iguais a:

- Gerente de restauração e bebidas: 900 €:
- Chefe de cozinha: 1300 €;
- Empregado de mesa de 1.ª: 650 € (2 pessoas).

Informações adicionais:

a) A conta clientes a 31 de março possuía o valor de 100 000 €;
b) 50% das vendas são a pronto pagamento enquanto os restantes 50% são recebidos no mês seguinte;
c) O prazo médio de pagamento das compras é de 30 dias;
d) A conta de fornecedores, a 31 de março, possuía o valor de 80 000 €;
e) Os ordenados são pagos no próprio mês;
f) Os encargos sociais são de 23,75% sobre as remunerações;
g) Retenções na fonte são de 17%;
h) As retenções na fonte, o IVA e os encargos sociais são pagos no mês seguinte;
i) O hotel dispõe de crédito em conta corrente para superar as necessidades de tesouraria à taxa anual de 8%, sendo os juros pagos no início do mês seguinte à sua realização e o reembolso de acordo com as disponibilidades;
j) Os excedentes de tesouraria são aplicados à taxa de 0,5% e os juros são recebidos no mês seguinte;
k) O saldo inicial de caixa é de 4000 €;
l) O saldo final de caixa tem de ser igual a 25 000 €.

Questões:

1. Elabore o programa e o orçamento de vendas mensal para o 2.º trimestre, disponibilizando os valores por mês.
2. Elabore o orçamento de gastos com pessoal trimestral.
3. Elabore o mapa de IVA previsional trimestral disponibilizando o valor mensal.
4. Elabore a demonstração dos resultados orçamentada.
5. Elabore o orçamento de tesouraria e financeiro mensal para abril, maio e junho.

Resolução:

1.

Serviços	Abril	Maio	Junho
Quartos ocupados	4200,00	4340,00	4200,00
Hóspedes	8400,00	8680,00	8400,00
PA	7560,00	7812,00	7560,00
Almoços	3360,00	3472,00	3360,00
Jantar	5880,00	6076,00	5880,00

Serviços	Pr. Unit.	PMR	Abril	Maio	Junho
PA	10,00 €		75 600,00 €	78 120,00 €	75 600,00 €
Almoços	22,00 €		73 920,00 €	76 384,00 €	73 920,00 €
Jantar	36,00 €		211 680,00 €	218 736,00 €	211 680,00 €
Subtotal			361 200,00 €	373 240,00 €	361 200,00 €
Iva Liquidado			46 956,00 €	48 521,20 €	46 956,00 €
Total			408 156,00 €	421 761,20 €	408 156,00 €

2.

Categorias profissionais	N.º	Vencimento base €	Mensal	trimestre	Encargos sociais	Retenções na fonte
Gerente de restauração e bebidas	1	900,00 €	900,00 €	2700,00 €	641,25 €	459,00 €
Chefe de cozinha	1	1300,00 €	1300,00 €	3900,00 €	926,25 €	663,00 €
Empregado de mesa de 1.ª	2	650,00 €	1300,00 €	3900,00 €	926,25 €	663,00 €

3.

	Abril	Maio	Junho
IVA liquidado	46 956,00 €	48 521,20 €	46 956,00 €
IVA dedutível	6000,00 €	6000,00 €	6000,00 €
Apuramento de IVA	40 956,00 €	42 521,20 €	40 956,00 €

4.

Rendimentos	1 095 640,00 €
Custo das vendas	300 000,00 €
Gastos com pessoal	
Gestor	2700 €
Colaboradores	7800 €
Encargos sociais	2493,75 €
Total de gastos com pessoal	12 993,75 €
Resultado	782 646,25 €

5.

	Abril	Maio	Junho
Recebimentos			
pp	204 078,00 €	210 880,60 €	204 078,00 €
30 dias	100 000,00 €	204 078,00 €	210 880,60 €
Retenções na fonte	595,00 €	595,00 €	595,00 €
Total de recebimentos	304 673,00 €	415 553,60 €	415 553,60 €
Pagamentos			
Compras	80 000,00 €	106 000,00 €	106 000,00 €
Remunerações	3500,00 €	3500,00 €	3500,00 €
Retenções na fonte		595,00 €	595,00 €
IVA		40 956,00 €	42 521,20 €
Encargos sociais		831,25 €	831,25 €
Total de pagamentos	83 500,00 €	151 882,25 €	153 447,45 €
Saldo de Tesouraria	221 173,00 €	263 671,35 €	262 106,15 €
Saldo inicial	4000,00 €	25 000,00 €	25 000,00 €
Subtotal	225 173,00 €	288 671,35 €	287 106,15 €
Empréstimo			
Amortização de empréstimo			
Juros a pagar			
Aplicações	200 173,00 €	264 672,22 €	264 430,38 €
Redução de aplicações			
Juros de aplicações		1000,87 €	2324,23 €
Saldo Final	25 000,00 €	25 000,00 €	25 000,00 €

Estudo de caso n.º 2: orçamento operacional do departamento de alimentação e bebidas

Apresentação da unidade hoteleira

O hotel Four Stars está localizado na Região do Algarve e apresenta uma capacidade de 357 quartos. Cerca de 70% dos seus hóspedes são do segmento Lazer e 30% do segmento *Corporate*. Possui um departamento de A&B composto por várias secções e apresenta abaixo os dados da operação do ano que está a terminar (ano N), assim como algumas previsões para o próximo ano (N+1).

O hotel apresenta os seguintes serviços de A&B:

- ✓ Serviço de pequeno-almoço para todos os hóspedes (regime APA);
- ✓ Restaurante 1 com capacidade para 250 pessoas, tipo *grill*, que possui uma carta de restaurante, mas que trabalha muito num regime de *buffet*, principalmente ao jantar;

- ✓ Restaurante 2 com capacidade para 50 lugares, tipo *Gourmet*, que apenas funciona ao jantar e com reserva;
- ✓ Bar situado no *lobby* com capacidade para 50 lugares;
- ✓ *Room-service;*
- ✓ Minibar;
- ✓ Serviço de *catering* para eventos que podem ser realizados numa das quatro salas de reunião com luz natural de grande dimensão (1156 m^2 no total).

Dados da ocupação ano N:

- ✓ Taxa de ocupação quarto média – 64%;
- ✓ Taxa de ocupação dupla média – 80%.

Outros custos – ano N

Custos com o pessoal	705 097,00 €
Outros custos operacionais	347 962,00 €

Dados das vendas de A&B do ano N (valores sem IVA):

	Volume de vendas	Preço médio comida (em €)	Preço médio bebida (em €)
Pequenos-almoços	Todos os hóspedes	5,02	-
Restaurante 1			
N.º médio diário de clientes ao almoço	10	12,20	1,63
***Seat turnover* ao jantar**	0,12	13,83	2,44
Restaurante 2			
Seat turnover	0,08	17,07	8,14
Bar			
Pequenos-almoços em média/dia	17	5,70	-
N.º médio de clientes almoços/diversos	50	7,32	8,54
Room-service			
Pedidos	3 quartos/dia	5,69	10,98
Banquetes			
Almoços/mês	450	14,39	4,69
Jantares/mês	450	17,64	5,10
***Coffee-breaks*/mês**	1020	5,69	-
Minibar			
Pedidos	55 quartos/dia	4,27	2,00

Rácios de Custo do A&B — ano N

Secção e período	Comida	Bebida
Pequeno-almoço	43%	-
	Restaurante 1	
Almoço	29%	18%
Jantar	42%	16%
Restaurante 2	44%	34%
	Bar	
Pequeno-almoço	25%	-
Almoço/diversos	28%	17%
	Room Service	
Diversos	17%	16%
	Banquetes	
Almoços	40%	22%
Jantares	40%	22%
Coffee-breaks	27%	-
Minibar	30%	22%

Previsões para o ano N+1:

- O diretor de alojamento prevê uma diminuição de 5 pontos percentuais na taxa média de ocupação dos quartos para o próximo ano (o diretor de A&B não tem qualquer responsabilidade na taxa de ocupação).
- O diretor de A&B decide:
  - o reduzir os custos de A&B sempre que o rácio é superior a 40%;
  - o aumentar o gasto médio dos clientes nas bebidas de 10% ao jantar nos 2 restaurantes;
  - o aumentar o volume de vendas de 10 refeições ao almoço no restaurante 1;
  - o aumentar o *seat turnover* do restaurante 2 para 0,28.
- Estas medidas permitem apostar na qualidade do serviço e contratar mais pessoal elevando os custos com pessoal a 805 097,00 €

Outros custos — ano N+1:

Custos com o pessoal	805 097,00€

Variação dos rácios de custo de A&B — ano N+1 (em pontos percentuais)

Secção e período	Alimentação	Bebida
Pequeno-almoço	-5%	-
Restaurante 1		
Jantar	-5%	-
Restaurante 2		
Jantar	-2%	-
Banquetes		
Almoços	-5%	-4%
Jantares	-5%	-4%

Com base nos dados fornecidos, pretende-se a elaboração do orçamento operacional de A&B do ano N e do ano N+1 com a indicação das variações absolutas e relativas.

Resolução:

Variação %	Variação €	Ano anterior		Orçamento
3%	47 963,70 €	1 477 966,63 €	**Vendas alimentação**	1 525 930,33 €
-8%	-58 871,80 €	753 559,03 €	**Pequeno-almoço**	694 687,23 €
100%	44 530,00 €	44 530,00 €	Restaurante 1 almoços	89 060,00 €
0%	- €	151 438,50 €	Restaurante 1 jantares	151 438,50 €
23%	44 530,00 €	195 968,50 €	**Restaurante 1**	240 498,50 €
250%	62 305,50 €	24 922,20 €	**Restaurante 2**	87 227,70 €
0%	- €	133 590,00 €	Bar - diversos	133 590,00 €
0%	- €	35 368,50 €	Bar - pequenos-almoços	35 368,50 €
0%	- €	168 958,50 €	**Bar**	168 958,50 €
0%	- €	77 706,00 €	Banquetes - almoços	77 706,00 €
0%	- €	95 256,00 €	Banquetes - jantares	95 256,00 €
0%	- €	69 645,60 €	Banquetes - *coffee-break*	69 645,60 €
0%	- €	242 607,60 €	**Banquetes**	242 607,60 €
0%	- €	6230,55 €	***Room-service***	6230,55 €
0%	- €	85 720,25 €	**Minibar**	85 720,25 €
-7%	-37 685,69 €	572 525,73 €	**Custos Alimentação**	534 840,03 €
-19%	-60 049,23 €	324 030,38 €	**Pequeno-almoço**	263 981,15 €
100%	12 913,70 €	12 913,70 €	Restaurante 1 almoços	25 827,40 €
-12%	-7571,93 €	63 604,17 €	Restaurante 1 jantares	56 032,25 €
7%	5341,78 €	76 517,87 €	**Restaurante 1**	81 859,65 €
234%	25 669,87 €	10 965,77 €	**Restaurante 2**	36 635,63 €

Variação %	Variação €	Ano anterior		Orçamento
0%	- €	37 405,20 €	Bar - diversos	37 405,20 €
0%	- €	8842,13 €	Bar - pequenos-almoços	8842,13 €
0%	- €	46 247,33 €	**Bar**	46 247,33 €
-13%	-3885,30 €	31 082,40 €	Banquetes - almoços	27 197,10 €
-13%	-4762,80 €	38 102,40 €	Banquetes - jantares	33 339,60 €
0%	- €	18 804,31 €	Banquetes - *coffee-break*	18 804,31 €
-10%	-8648,10 €	87 989,11 €	**Banquetes**	79 341,01 €
0%	- €	1059,19 €	***Room-service***	1059,19 €
0%	- €	25 716,08 €	**Minibar**	25 716,08 €
14%	42 491,84 €	305 446,00 €	**Vendas bebida**	347 937,84 €
100%	5949,50 €	5949,50 €	Restaurante 1 almoços	11 899,00 €
10%	2671,80 €	26 718,00 €	Restaurante 1 jantares	29 389,80 €
26%	8621,30 €	32 667,50 €	**Restaurante 1**	41 288,80 €
285%	33 870,54 €	11 884,40 €	**Restaurante 2**	45 754,94 €
0%	- €	155 855,00 €	**Bar - diversos**	155 855,00 €
0%	- €	25 326,00 €	Banquetes - almoços	25 326,00 €
0%	- €	27 540,00 €	Banquetes - jantares	27 540,00 €
0%	- €	52 866,00 €	**Banquetes**	52 866,00 €
0%	- €	12 023,10 €	***Room-service***	12 023,10 €
0%	- €	40 150,00 €	**Minibar**	40 150,00 €
19%	10 899,74 €	58 269,05 €	**Custos bebida**	69 168,79 €
100%	1070,91 €	1070,91 €	Restaurante 1 almoços	2141,82 €
10%	427,49 €	4274,88 €	Restaurante 1 jantares	4702,37 €
28%	1498,40 €	5345,79 €	**Restaurante 1**	6844,19 €
285%	11 515,98 €	4040,70 €	**Restaurante 2**	15 556,68 €
0%	- €	26 495,35 €	**Bar - diversos**	26 495,35 €
-18%	-1013,04 €	5571,72 €	Banquetes - almoços	4558,68 €
-18%	-1101,60 €	6058,80 €	Banquetes - jantares	4957,20 €
-18%	-2114,64 €	11 630,52 €	**Banquetes**	9515,88 €
0%	- €	1923,70 €	***Room-service***	1923,70 €
0%	- €	8833,00 €	**Minibar**	8833,00 €
5%	**90 455,54 €**	**1 783 412,63 €**	**Total vendas A&B**	**1 873 868,17 €**
-4%	**-26 785,95 €**	**630 794,78 €**	**Total custos A&B**	**604 008,82 €**
14%	**100 000,00 €**	**705 097,00 €**	**Custos com pessoal**	**805 097,00 €**
0%	- €	**347 962,00 €**	**Outros custos operacionais**	**347 962,00 €**
4%	73 214,05 €	1 683 853,78 €	Total de custos	1 757 067,82 €
17%	17 241,49 €	99 558,85 €	Resultado bruto operacional	116 800,34 €

Estudo de caso n.º 3: orçamento operacional do departamento de alojamento

Apresenta-se os dados de operação do Hotel OesteIn, uma unidade hoteleira classificada com quatro estrelas.

Programa de vendas:

Individuais	Preço médio	quartos vendidos/dia	*Mix* de vendas
Best Available Rate	90,00 €	15	12%
Promocional	80,00 €	6	5%
Empresas	65,00 €	20	15%
Especial (Governo, colaborador)	55,00 €	1	1%
OTA's	90,00 €	20	15%
OT	60,00 €	13	10%
Total/média individuais	73,33 €	75	58%
Grupos			
Empresas	60,00 €	33	25%
OT/tours	50,00 €	20	16%
Associações	42,50 €	2	2%
Total/média Grupos	50,83 €	55	42%
Quartos ocupados	130		
Quartos disponíveis	200		
Taxa de ocupação	65,00%		

Outros rendimentos do alojamento:

Outros rendimentos	
No-shows	32 850 €
Day use	9855 €
Taxa de serviço	4015 €
Late check-out	43 800 €
Berços e camas extras	36 500 €

Custos do departamento de alojamento:

Custos com pessoal	**508 110,00 €**
Direção	94 680,00 €
Rececionistas	77 268,00 €
Bagageiros	60 458,00 €
Andares	72 345,00 €
Lavandaria	19 173,00 €
Encargos	184 186,00 €
Outros custos	**391 667,00 €**
Comissões	125 424,00 €
Ofertas	3798,00 €
Subcontratação	70 756,00 €
Amenities	24 598,00 €
Produtos de limpeza	28 648,00 €
Lavandaria *outsourcing*	121 681,00 €
Roupa camas	12 654,00 €
Turcos	3456,00 €
Despesas *overbooking*	652,00 €

Previsões para o ano N+1:

Havendo uma previsão de estagnação do mercado ainda relacionada com a pandemia provocada pela covid-19, o departamento de *revenue management* do hotel pretende aumentar o número de reservas diretas através do *website* do hotel, diminuindo as vendas em agências de viagem *online* (*Online Travel Agency* — OTA). Assim, pretende aumentar em cinco quartos vendidos a média de quartos vendidos por dia em *Best Available Rate* (BAR), retirando cinco quartos vendidos em OTA. Esta alteração permite ainda diminuir os custos em comissão de 25%.

Com base nos dados fornecidos, pretende-se a elaboração do orçamento operacional de alojamento para o ano N e o ano N+1, com a indicação das variações absolutas e relativas.

Calcule e compare o ADR (preço médio = total venda de quartos / n.º quartos vendidos) e RevPAR (Taxa de ocupação x ADR ou total venda quartos / n.º quartos disponíveis) dos dois anos.

Resolução:

Variação %	Variação €	Ano anterior	Segmentos	Orçamento
			Rendimentos	
			Individuais	
33%	164 250 €	492 750 €	*Best Available Rate*	657 000 €
0%	- €	175 200 €	Promocional	175 200 €
0%	- €	474 500 €	Empresas	474 500 €
0%	- €	20 075 €	Especial (Governo, colaborador)	20 075 €
-25%	-164 250 €	657 000 €	OTA's	492 750 €
0%	- €	284 700 €	OT	284 700 €
0%	- €	2 104 225 €	**Total individuais**	2 104 225 €
			Grupos	
0%	- €	722 700 €	Empresas	722 700 €
0%	- €	365 000 €	OT/*tours*	365 000 €
0%	- €	31 025 €	Associações	31 025 €
0%	- €	1 118 725 €	**Total Grupos**	1 118 725 €
		3 222 950 €	**Total venda quartos**	3 222 950 €
			Outros rendimentos	
0%	- €	32 850 €	*No-shows*	32 850 €
0%	- €	9855 €	*Day use*	9855 €
0%	- €	4015 €	Taxa serviço	4015 €
0%	- €	43 800 €	*Late check-out*	43 800 €
0%	- €	36 500 €	Berços e camas extras	36 500 €
0%	- €	**127 020 €**	**Total outros rendimentos**	**127 020 €**
0%	- €	**3 349 970 €**	**Total rendimentos**	**3 349 970 €**
			Custos	
0%	- €	**508 110 €**	**Custos com pessoal**	**508 110 €**
0%	- €	94 680 €	Direção	94 680 €
0%	- €	77 268 €	Rececionistas	77 268 €
0%	- €	60 458 €	Bagageiros	60 458 €
0%	- €	72 345 €	Andares	72 345 €
0%	- €	19 173 €	Lavandaria	19 173 €
0%	- €	184 186 €	Encargos	184 186 €
-8%	**-31 356 €**	**391 667 €**	**Outros custos**	**360 311 €**
-25%	-31 356 €	125 424 €	Comissões	94 068 €
0%	- €	3798 €	Ofertas	3798 €
0%	- €	70 756 €	Subcontratação	70 756 €
0%	- €	24 598 €	*Amenities*	24 598 €

Variação %	Variação €	Ano anterior	Segmentos	Orçamento
0%	- €	28 648 €	Produtos de limpeza	28 648 €
0%	- €	121 681 €	Lavandaria *outsourcing*	121 681 €
0%	- €	12 654 €	Roupa camas	12 654 €
0%	- €	3456 €	Turcos	3456 €
0%	- €	652 €	Despesas *overbooking*	652 €
-3%	**-31 356 €**	**899 777 €**	**Total de custos**	**868 421 €**
1%	**31 356 €**	**2 450 193 €**	**Resultado operacional do departamento de alojamento**	**2 481 549 €**

Taxa de ocupação	65%
ADR	67,92 €
RevPAR	44,15 €

14. Bibliografia relevante do capítulo

Datar, S., & Rajan, M. (2018). *Horngren's Cost Accounting – A managerial emphasis.* (16.ª edição). Pearson.

Ferreira, D., Caldeira, C., Asseiceiro, J., Vieira, J., & Vicente, C. (2014). *Contabilidade de gestão.* Rei dos Livros.

Green, C. E., & Lomanno, M. V. (2012). *Distribution Channel Analysis: a Guide for Hotels. AH & LA and STR Special Report.* HSMAI Foundation.

HANYC [Hotel Association of New York City]. (2014). *Uniform System of Accounts for the Lodging Industry.* (11.ª edição revista). American Hotels & Lodging Education Institute.

Jordan, H., Neves, J., & Rodrigues, J. (1993). *O controlo de gestão.* CIFAG.

Legohérel, P., Poutier, E., & Fyall, A. (2013). *Revenue Management for Hospitality & Tourism.* Goodfellow Publishers Limited.

Moser, F. (2002). *Manual de gestão de alimentação e bebidas.* Edições Cetop.

CAPÍTULO XI
CONTROLO ORÇAMENTAL

O controlo orçamental visa controlar os objetivos de uma empresa e assenta numa análise de desvios, que deve ser vista como um meio de ajuda ao gestor nas suas diversas tomadas de decisão. É um instrumento importante porque:

- Obriga os gestores a fixarem objetivos;
- Obriga os gestores a monitorizarem a sua atividade;
- Obriga a criar medidas corretivas.

O controlo orçamental, além do cálculo dos desvios, deve apurar e desagregar as causas, explicar a ocorrência dos desvios e indicar as medidas corretivas a seguir.

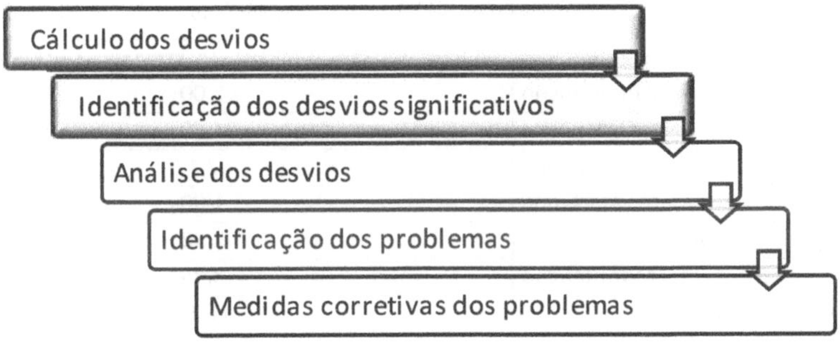

A análise dos desvios apresenta dois objetivos: manter cada gestor informado daquilo que se passa no seu departamento, comparando as realizações com as estimativas, identificando as causas das diferenças e explicando as ações corretivas; apreciar, pela respetiva hierarquia, o desempenho de cada gestor, como fator de motivação e de incentivo.

Desvios são utilizados para	Avaliação de desempenho
	Motivar os gestores
	Ajudar os gestores a realizarem melhores estimativas acerca do futuro
	Alertar os gestores acerca dos problemas e oportunidades
	Melhoria contínua

1. Definição e elaboração de orçamentos flexíveis

Como já foi abordado no Capítulo IX, o orçamento flexível é aquele orçamento que é elaborado em relação a diferentes níveis de atividade. Normalmente, é o orçamento rígido ajustado com as quantidades reais. No fundo, iremos verificar como os resultados, rendimentos e custos variam com uma alteração no nível de atividade. Quando é elaborado é necessário identificar os elementos variáveis e fixos, pois os variáveis serão alterados de acordo com a quantidade real, enquanto os fixos se mantêm constantes. Os gestores consideram que a elaboração do orçamento flexível é de grande utilidade, porque, por vezes, existem erros nas estimativas das quantidades a vender, e, na maior parte dos casos, a diferença a nível das quantidades é a maior causa das disparidades entre os dados orçamentados rígidos e os reais.

Para exemplificar o orçamento flexível, apresentamos alguns dados em termos unitários acerca da agência de viagens XIII:

	Preço padrão ou Custo padrão por cliente (€)
Vendas	23
Custos variáveis:	
Alimentação	7,00
Ordenados	4,50
Telefone	2,1
Marketing	1,90
Energias, águas e residuais	2,98
Manutenção	3,35
Margem de contribuição	11,17

O orçamento flexível pode ser obtido elaborando uma série de orçamentos flexíveis para vários níveis de clientes. Suponhamos três níveis de clientes para a agência de viagens: 20 000, 30 000 e 45 000. Na tabela seguinte, temos a demonstração da margem de contribuição elaborada através da técnica do orçamento flexível.

Clientes	20 000,00	30 000,00	45 000,00
Vendas	600 000,00 €	900 000,00 €	1 350 000,00 €
Custos variáveis:			
Alimentação	140 000,00 €	210 000,00 €	315 000,00 €
Ordenados	90 000,00 €	135 000,00 €	202 500,00 €
Telefone	42 000,00 €	63 000,00 €	94 500,00 €
Marketing	38 000,00 €	57 000,00 €	85 500,00 €
Energias, águas e residuais	59 600,00 €	89 400,00 €	134 100,00 €
Manutenção	67 000,00 €	100 500,00 €	150 750,00 €
Margem de contribuição	163 400,00 €	245 100,00 €	367 650,00 €

2. Apuramento do desvio quantidade, do desvio preço e do desvio eficiência

O cálculo dos desvios é um meio que permite avaliar a eficiência e a eficácia dos recursos e é utilizado para apurar as diversas causas dos desvios, imputando responsabilidades e adotando medidas corretivas.

Como é realizado o cálculo do desvio? É o valor orçamental menos o real ou o real menos o valor orçamentado? A ordem não é relevante, se não dermos importância ao sinal algébrico. Consideramos a diferença em valor absoluto e depois deverá ser referido se o valor é desfavorável (D) ou favorável (F). A influência que os desvios têm no resultado é que vai ditar se os desvios são favoráveis ou desfavoráveis. Se o desvio aumentar o resultado operacional real face ao valor orçamentado é designado favorável, logo, é classificado com a letra F. Se o desvio diminuir o resultado operacional real face ao valor orçamentado é considerado um desvio desfavorável, sendo classificado com a letra D.

Os desvios podem ser classificados através de níveis, os quais são classificados de acordo com o detalhe fornecido, ou seja, o nível 0 é o que oferece menos detalhe e o nível 3 é o que disponibiliza mais detalhe.

Nível 0 — Diferença entre o resultado operacional rígido e o resultado operacional real.

Nível 1 — O resultado operacional é desagregado em vendas e custos, mantendo-se a diferença entre o rígido e o real.

Nível 2 — O desvio total de todos os itens é desagregado em desvio quantidade e desvio de orçamento flexível.

Nível 3 — O desvio do orçamento flexível é desagregado em desvio eficiência e desvio preço.

Ao analisarmos o desempenho pretendemos que este seja eficaz e eficiente, mas pode acontecer apenas uma destas situações. Quando se analisa a eficácia pretende-se apurar se os objetivos forma atingidos. Quando se analisa a eficiência pretende-se minimizar os custos, ou seja, minimizar a quantidade de *inputs* face ao nível de *outputs*. Relacionando com os desvios a desenvolver, considera-se que o desvio quantidade é uma medida de eficácia e que o desvio de orçamento flexível é influenciado pelo desvio eficiência assim como pelo desvio preço.

Como calcular os desvios? Podem ser utilizadas fórmulas ou então são elaborados orçamento rígido, orçamento flexível e demonstração real em que através das diferenças são calculados diferentes desvios.

Em primeiro lugar, serão identificadas algumas siglas de modo a se tornar mais fácil a apresentação de fórmulas: quantidade real (Qr), *input* real (Ir), preço real (Pr), quantidade orçamentada (Qo), *input* orçamentado (Io), preço orçamentado (Po).

O desvio total é o desvio mais lato, que é calculado através da diferença entre o OR e a demonstração real (DR). Este desvio, por sua vez, é desagregado em desvio quantidade (DQ) e desvio de orçamento flexível (DOF).

O desvio quantidade calcula a diferença entre as quantidades reais e orçamentadas. No caso de as empresas possuírem mais do que um produto, este desvio pode ser desdobrado em desvio nível de atividade e desvio *mix* das vendas, os quais serão abordados num dos subcapítulos seguintes.

O desvio quantidade pode ser calculado através da fórmula seguinte ou pela diferença entre o orçamento rígido (OR) e o orçamento flexível I (OFI).

$$DQ = (Qr - Qo) \times Po = OR - OFI$$

O desvio de orçamento flexível é calculado através da diferença entre o orçamento flexível e a demonstração real ou através da fórmula seguinte:

$$DOF = OFI - Real = (Pr - Po) \times Qr$$

É de salientar que a última parte da fórmula funciona apenas para a rubrica das vendas, margem de contribuição e resultado. Para os itens dos custos, a complexidade é maior e passamos a ter mais uma variável que vamos designar de *input* (I). Neste caso, a fórmula passa a ser:

$$DOF = OFI - Real = Pr \times Ir \times Qr - Po \times Io \times Qr = (Pr \times Ir - Po \times Io) \times Qr$$

Deste modo, este desvio pode ser calculado para todas as rubricas da demonstração dos resultados.

No desvio preço, como o próprio nome indica, estamos a comparar o preço real com o preço orçamentado. Nas rubricas das vendas, margem de contribuição e resultado o desvio preço é igual ao desvio de orçamento flexível. O mesmo já não acontece em relação aos itens referentes aos custos, e o cálculo será feito de maneira diversa. O desvio preço é igual à diferença do orçamento flexível II (OFII) e da DR, ou poderá ser calculado através da seguinte fórmula:

DP = DR – OFII= Pr x Ir x Qr – Po x Ir x Qr = (Pr – Po) x Ir x Qr

Convém salientar que a elaboração dos orçamentos flexíveis em relação aos custos é ligeiramente diferente, pois não podemos esquecer a variável *input*. Em relação às matérias-primas e à mão-de-obra direta os orçamentos deverão ser elaborados de acordo com a tabela seguinte:

DR	OFII	OFI	OR
Qr x Ir x Pr	Qr x Ir x Po	Qr x Io x Po	Qo x Io x Po

O *input* é a quantidade de material ou mão-de-obra utilizada numa unidade produzida. O preço será o valor pago por uma unidade de *input*, por exemplo, o preço pago por hora trabalhada. Quanto ao custo unitário, este é igual ao produto Io x Po ou Ir x Pr, consoante estivermos a falar de nível orçamental ou de nível real. À diferença entre o Ir e o Io chamamos desvio eficiência (DE), o qual está relacionado com o grau de utilização dos recursos e o impacto que esta utilização tem nos resultados.

DE = OFII – OFI = (Ir – Io) x Qr x Po

DT = DQ + DOF

DOF = DE + DP

Exemplo:

A empresa de *catering* XIA exerce a sua atividade em festivais e eventos. Apenas disponibiliza um prato aos seus clientes, gambas marinadas com sumo de limão e alho. Estimou a venda de 2000 pratos a um preço de venda de 12 €. Disponibilizou as seguintes informações acerca da ficha de custo padrão do prato:

	Unidade física	Quantidade por prato	Preço/Kg	Custo Unitário
Gambas	Kg	0,2	10,00 €	2,00 €
Alho picado	Kg	0,003	3,00 €	0,009 €
Azeite	l	0,02	2,70 €	0,054 €
Outros		0,07	1,00 €	0,07 €
Custo padrão				2,133 €

No fim do mês obtiveram-se as seguintes informações reais, sabendo desde já que venderam 2 200 pratos. O Preço de venda aplicado foi de 13 €:

	Unidade física	Quantidade por prato	Preço/Kg	Custo unitário
Gambas	Kg	0,2	11,00 €	2,20 €
Alho picado	Kg	0,004	3,00 €	0,012 €
Azeite	l	0,03	2,80 €	0,084 €
Outros		0,07	1,00 €	0,07 €
Custo unitário				2,366 €

1. Elabore o mapa de custos (gambas, alho, azeite) através do orçamento rígido, orçamento flexível I, orçamento flexível II e mapa real.
2. Elabore a demonstração dos resultados através do orçamento rígido, orçamento flexível I, orçamento flexível II e demonstração real.
3. Calcule o desvio quantidade, desvio de orçamento flexível e total.
4. Explique o desvio orçamento flexível (dos ingredientes do prato) desagregando o desvio orçamento flexível em desvio eficiência e desvio preço.

Resolução:

1.

	Real	OFII	OFI	Rígido
Gambas	4840,00 €	4400,00 €	4400,00 €	4000,00 €
Azeite	26,40 €	26,40 €	19,80 €	18,00 €
Alho	184,80 €	178,20 €	118,80 €	108,00 €

2.

Vendas	28 600,00 €	26 400,00 €	26 400,00 €	24 000,00 €
Custo	5051,20 €	4604,60 €	4538,60 €	4126,00 €
Resultado	23 548,80 €	21 795,40 €	21 861,40 €	19 874,00 €

3.

	DT	DQ	DOF
Gambas	840,00 € (F)	400,00 € (F)	440,00 € (F)
Azeite	8,40 € (D)	1,80 € (F)	6,60 € (D)
Alho	76,80 € (D)	10,80 € (F)	66,00 € (D)

	DT	DQ	DOF
Vendas	840,00 € (F)	400,00 € (F)	440,00 € (F)
Custo	8,40 € (D)	1,80 € (F)	6,60 € (D)
Resultado	76,80 € (D)	10,80 € (F)	66,00 € (D)

4.

	DE	DP
Gambas	- €	440,00 € (F)
Azeite	6,60 € (D)	- €
Alho	59,40 € (D)	6,60 € (D)

3. Decomposição do desvio quantidade

Existem muitas empresas que vendem mais do que um produto, gerando a necessidade de desagregar o desvio quantidade de modo a apurar as causas do desvio existente. Como se pode explicar que há um DQ se as unidades vendidas reais são iguais às orçamentadas? Se fosse só um produto esta situação não sucederia, não existindo desvio. Todavia, numa empresa com vários produtos, cada produto tem o seu orçamento flexível e rígido. Se a percentagem de vendas de um produto se modifica, o orçamento flexível será influenciado, visto que este resulta da soma dos diversos orçamentos flexíveis pertencentes a cada produto vendido. O desvio quantidade é influenciado pela quantidade total vendida assim como pelo valor percentual das quantidades vendidas de cada produto. Os produtos possuem margens de contribuições diferentes, influenciando a margem de contribuição total através do aumento ou diminuição das quantidades vendidas. Logo, o desvio quantidade será desagregado em desvio nível atividade (DNA) (que analisa o nível total da empresa independentemente do produto) e em desvio *mix* das vendas (DMV) (que tem em conta o impacto do peso das vendas de cada produto). Normalmente, este desvio é analisado ao nível da margem de contribuição.

Relembrando, DQ = (Qr – Qo) x MCou

DNA = (Qtotalr – Qtotalo) x *Mixo* x MCou

No desvio de nível atividade, como se mantém o *mix* das vendas, apenas o nível de atividade é analisado.

DMV = Qtotalr x (*Mixr* – *Mixo*) x MCou

Este desvio serve para analisar o *mix* de vendas. Por outras palavras, este desvio está relacionado com a composição interna das vendas. O peso das vendas de cada produto no total pode ser igual ou diferente no orçamento *versus* real e essa diferença poderá ser prejudicial ou não para a empresa visto que as margens de contribuição diferem entre produtos.

Se o *mix* de vendas se mantém, mas as unidades físicas aumentaram significa que não há desvio *mix* vendas, somente desvio nível de atividade. Muitas empresas são afetadas pela procura dos produtos, pela capacidade da empresa e pelo mercado onde atuam.

Em alternativa às fórmulas, estes desvios podem ser calculados através da diferença dos diversos orçamentos apresentados na tabela seguinte:

OR	Orçamento ajustado ao volume (OAV)	OFI
Qtotalo x *Mixo* x Mcou	Qtotalr x *Mixo* x Po	Qtotalr x *Mixr* x Po

DQ = OR – OFI

DNA = OR – OAV

DMV = OAV – OFI

Estes desvios são explicados através do exemplo seguinte.

Exemplo:

A agência de viagens Primavera disponibiliza durante todo o ano aos seus clientes programas de cruzeiros. Na tabela seguinte são fornecidos quatro programas com as respetivas margens de contribuição orçamentadas por pessoa.

	Margem de contribuição unitária orçamentada	Quantidades orçamentadas	Quantidades reais
Espanha e Itália	76,90 €	300 clientes	350 clientes
Marrocos e Ibérica	136,50 €	200 clientes	250 clientes
Espanha e Portugal	148,10 €	400 clientes	450 clientes
Mediterrâneo	98,50 €	150 clientes	140 clientes
Total		1050 clientes	1190 clientes

Pretende-se o cálculo do desvio quantidade, o desvio nível de atividade e o desvio *mix* de vendas em relação aos programas de cruzeiro da agência Primavera desagregando por programa.

Resolução:

Em primeiro lugar, foi necessário calcular a percentagem orçamentada das vendas de cada programa (*Mixo*). Depois foram os elaborados os orçamentos de acordo com as fórmulas atrás apresentadas.

	Mixo	OR	OFI	OAV
Espanha e Itália	0,2857	23 070	26 915	26 146
Marrocos e Ibérica	0,1905	27 300	34 125	30 940
Espanha e Portugal	0,381	59 240	66 645	67 138,67
Mediterrâneo	0,1429	14 775	13 790	16 745

Calculando a diferença entre os diversos orçamentos foram apurados os seguintes desvios.

	DQ	DNA	DMV
Espanha e Itália	3845 (F)	3076 (F)	769 (F)
Marrocos e Ibérica	6825 (F)	3640 (F)	3185 (F)
Espanha e Portugal	7405 (F)	7898,67 (F)	493,67 (D)
Mediterrâneo	985 (F)	1970 (F)	2955 (D)
Total	17 090 (F)	16 584,7 (F)	505,33 (F)

Por sua vez, o DNA depende do mercado existente assim como da quota de mercado mantida pela empresa, podendo, assim, ser desagregado em desvio de mercado global e desvio quota de mercado.

Desvio mercado global (em termos totais) = quota mercado orçamentada x (mercado global real − mercado global orçamentado) x média da margem de contribuição orçamentada.

O desvio mercado global é considerado um desvio externo, mas o desvio quota de mercado normalmente é atribuído ao responsável do departamento comercial. Por vezes é complicado saber qual o valor de mercado, tornando-se complexo o cálculo destes desvios.

Desvio quota de mercado (em termos totais) = (quota real − quota orçamentada) x mercado global real x média da margem de contribuição orçamentada.

Com um crescimento de mercado a empresa pode ter um desvio favorável aumentando assim o valor de venda, mas se a quota de mercado diminuir pode implicar um desvio desfavorável, que vem anular o desvio favorável do mercado global.

Estas fórmulas são usadas se estivermos a analisar o mercado em termos totais para todos os produtos. Se os desvios forem calculados parcialmente não utilizamos a média e sim a margem de contribuição de cada produto.

Esquematicamente:

4. Decomposição do desvio eficiência

O desvio eficiência desdobra-se em desvio rendimento da produção e em desvio *mix* das componentes. Num produto ou serviço podem ser utilizadas várias matérias-primas assim como colaboradores com diversas qualificações, existindo, deste modo, diferentes *inputs* e diferentes preços.

Desvio do rendimento da produção = (Irtotal – Iototal) x Qtotalr x *mixo* x preço orçamentado por *input*.

Desvio do *mix* das componentes = Irtotal x Qtotalr x (*mixr* – *mixo*) x preço orçamentado por *input*.

Permite um controlo do *input* das componentes tanto ao nível dos materiais como da mão-de-obra. Quando há uma substituição completa dos materiais não há desvio de *mix* das componentes, mas se esta for parcial haverá desvio de *mix* das componentes. Esta subdivisão permite que os gestores tirem mais conclusões, por exemplo, se a substituição de alguns *inputs* foi benéfica ou não.

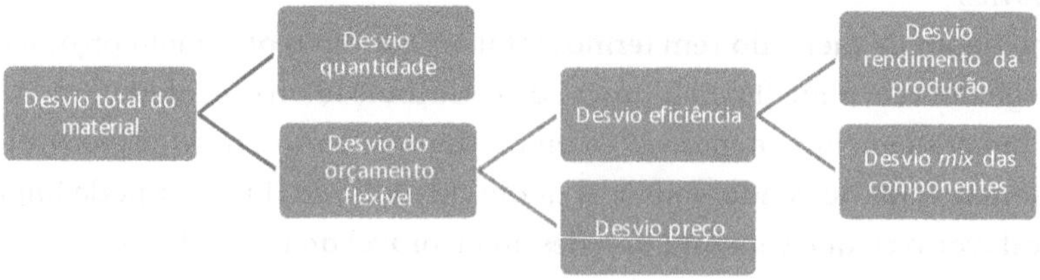

EXEMPLO:

Regressando ao exemplo do ponto 2, agora iremos desagregar o desvio eficiência em desvio rendimento da produção e desvio *mix* das componentes.

Aplicando as fórmulas para cada ingrediente temos:

DRP gambas = (0,304 − 0,293) x 2200 x 0,682594 x 10
DRP azeite = (0,304 − 0,293) x 2200 x 0,010239 x 3
DRP alho = (0,304 − 0,293) x 2200 x 0,068259 x 2,7
DRP outros = (0,304 − 0,293) x 2200 x 0,238908 x 1
DMC gambas = 0,304 x 2200 x (0,657895 − 0,682594) x 10
DMC azeite = 0,304 x 2200 x (0,013158 − 0,010239) x 3
DMC alho = 0,304 x 2200 x (0,098684 − 0,068259) x 2,7
DMC outros = 0,304 x 2200 x (0,230263 − 0,238908) x 1

	DRP	DMC
Gambas	165,19 € (D)	165,19 € (F)
Azeite	0,74 € (D)	5,86 € (D)
Alho	4,46 € (D)	54,94 € (D)
Outros	5,78 € (D)	5,78 € (F)

5. Interpretação e apuramento das causas dos desvios

A rapidez do controlo por vezes é preferida face ao seu rigor. No controlo orçamental os desvios devem ser isolados, a fim de apurar as suas causas e explicá-las. Deve ser descoberta a origem dos mesmos para que seja possível orientar a ação e a responsabilização dos gestores. Neste último aspecto é necessário ter alguma perícia de modo a não ferir suscetibilidades. Os gestores não gostam de admitir o erro, e muitas das vezes o erro está na previsão ou no controlo realizado e não na tomada de decisão. É preciso saber se os projetos foram bem realizados, qual a exequibilidade dos objetivos, quem errou nos prognósticos e quem não cumpriu os objetivos. Quando se deteta desvios é preciso tomar medidas corretivas, e são inúmeras as causas dos desvios.

As causas divergem consoante o tipo de desvio e o tipo de empresa. Quando as causas estão relacionadas com fatores externos são difíceis de controlar, mas, por outro lado, existem algumas que são de fácil controlo, por exemplo, quando estão relacionadas com a eficiência. Neste caso particular será necessário ter em atenção os *inputs* utilizados por unidade produzida, de modo a verificar se existe um mau manuseamento das matérias-primas assim como se é despendido demasiado tempo na execução de um produto ou na prestação de um serviço. As causas do desvio preço são mais difíceis de controlar pois, na maior parte dos casos, estão relacionadas com fatores externos, como condições económicas gerais ou flutuações imprevisíveis dos preços.

Quando os materiais diretos e a mão-de-obra apresentam um desvio eficiência desfavorável significa que o *input* real por unidade produzida foi maior face ao que havia sido orçamentado. Surgem de imediato duas questões: porque é que se utilizou mais matérias-primas? E porque é que se dispensou mais tempo? A causas poderão ser diversas: qualidade das matérias-primas, utilização das máquinas, qualificação dos operários, regras de procedimentos utilizados e tarefas estabelecidas. Concretizando, se a matéria-prima for de fraca qualidade, a quantidade de matéria-prima utilizada será maior. Se existirem avarias nas máquinas, o desperdício da matéria-prima também será maior. Se os colaboradores forem pouco qualificados existe uma menor possibilidade de aproveitamento da matéria-prima. O *layout* da produção também pode influenciar, sendo importante que permita a aplicação de um programa de aproveitamento de desperdícios ou reprocessamento de unidades defeituosas. Estas deverão ser detetadas numa fase em que seja possível o seu reaproveitamento para, assim, se evitar o desperdício, reduzindo o consumo da matéria-prima. Um maior cansaço dos funcionários implica trabalho de pior qualidade e origina mais desperdício de matéria-prima e unidades defeituosas.

Em relação à mão-de-obra direta, se esta for de menor qualidade a velocidade de execução da tarefa será menor e a dificuldade de manuseamento maior. As avarias nas máquinas implicam que os colaboradores estejam parados mais tempo, devendo existir uma política para a gestão dos tempos mortos. Quando os colaboradores têm menos experiência acabam por perlongar o desempenho das suas tarefas. Existem diversos fatores que influenciam o envolvimento dos colaboradores no seu trabalho, por exemplo, motivação, remuneração e higiene e segurança. Deste modo, é necessário que a empresa dedique alguma atenção ao horário fabril, ao cansaço dos trabalhadores, ao absentismo e ao tempo que demoram a executar as suas tarefas.

Enfatizando a questão do desvio preço desfavorável as causas são diversas. Em relação às matérias-primas, eis as causas que poderão ser conferidas: escassez de matéria -prima, maior taxa de inflação, taxas aduaneiras, qualidade da matéria-prima e número de fornecedores existentes no mercado. No que respeita à mão-de-obra, poderão ser alegadas as seguintes causas: maior especialização dos colaboradores, poder negocial dos sindicatos, nível de desemprego na região, taxa de inflação e nível de vida da região.

Geralmente os desvios são calculados em relação aos custos variáveis. Contudo, a análise pode ser alargada aos custos fixos. Tudo depende de como a empresa trata os custos fixos, como algo estático e, aí, os desvios são tratados de forma global; ou como algo que se modifica consoante o nível de atividade aplicado, e, neste caso, já se pode apurar quais as causas. Normalmente, a causa do desvio dos custos fixos está relacionada com erros de previsão, pois, devido à sua natureza, os custos fixos não variam de acordo com o nível de atividade, estando relacionados com as infraestruturas da empresa.

O desvio em relação ao preço de venda, que advém da tomada de decisão dos gestores da empresa, pode ter também diversas origens, como a taxa de inflação, os custos dos fatores produtivos, a quantidade de empresas a operarem no mercado, a concorrência e o comportamento do mercado a que empresa tem acesso.

As causas do desvio quantidade podem sobrevir da procura ou da oferta. Em relação à procura, poder-se-á alegar o aparecimento ou desaparecimento de produtos substitutos, o poder de compra dos clientes, as campanhas de *marketing* realizadas pelas empresas, as necessidades do consumidor, entre outras. No que respeita à oferta, está relacionado com o processo produtivo das empresas: modificação do número de turnos, aquisição de mais equipamento, programa de controlo de avarias, manutenção do processo produtivo.

Quanto à atividade dos departamentos é importante afetar os desvios obtidos (favoráveis ou desfavoráveis) a cada departamento responsável pela sua ocorrência, de modo que seja possível uma avaliação eficaz dos departamentos. Assim, será possível definir as áreas que necessitam de mudanças. Quando é detetado um desvio desfavorável deverá ser questionado qual o departamento que poderia ter evitado este desvio. Do mesmo modo, quando é detetado um desvio favorável deverá ser apurado qual o departamento que contribuiu mais para aquele desvio. Todavia, as respostas não são imediatas podendo existir múltiplas causas, ou seja, podem ser derivadas de vários departamentos e podem advir de razões externas à empresa.

A avaliação de desempenho de um departamento diverge da avaliação do responsável desse departamento. Em primeiro lugar, na avaliação de um departamento são incluídos todos os custos desse departamento, enquanto na avaliação do responsável são apenas considerados os custos que são controláveis pelo mesmo. Em relação ao departamento, importa apurar a causa e depois esta será afetada ao departamento. No que concerne ao responsável, será necessário apurar se a causa está relacionada com o seu desempenho. Um gestor apenas pode ser avaliado pelo que o seu desempenho influencia e pelos custos que pode controlar.

Exemplificando, se a matéria-prima é a causadora dos desvios, estes poderão ser afetados a vários departamentos. Ao departamento de aprovisionamento considerando que é o responsável pelas compras e pela seleção do fornecedor. Ao departamento financeiro na medida em que define as condições de compra da matéria-prima. Se o processo produtivo for a causa, poderemos afetá-la ao departamento de produção, pois o equipamento de produção encontra-se lá instalado. Também poderá ser afetada ao departamento de manutenção, uma vez que este é responsável pela reparação de avarias. Ademais, também poderão estar na origem do desvio causas externas, como já foi abordado.

6. Estudo de casos

Caso prático n.º 1

Em Peniche, existe um parque temático dedicado aos pinguins. Existem duas possibilidades: visitar apenas o parque e visitar o parque e assistir um espetáculo com pinguins. O espaço tem capacidade para 30 000 pessoas (10 000 com espetáculo e 20 000 sem espetáculo). O preço dos bilhetes com espetáculo é de 35 € e sem espetáculo é de 14 €. O custo variável unitário é de 15 € e 9 €, respetivamente. Em 2021, estimaram que no ano de 2022 iriam vender 8000 bilhetes com espetáculo e 12 000 bilhetes sem espetáculo. Mas, a 31 de dezembro de 2022, a contabilidade analítica reportou que tinham vendido 6600 bilhetes com espetáculo e 15 400 sem espetáculo. Os preços mantiveram-se constantes. Calcule o desvio quantidade, o desvio nível de atividade e o desvio *mix* de vendas. Comente.

Resolução:

Elaborando os orçamentos necessários temos:

	Mixo	OR	OFI	OAV
Com espetáculo	0,4	160 000	132 000	176 000
Sem espetáculo	0,6	60 000	77 000	66 000
Total	1	220 000	209 000	242 000

Calculando a diferença entre os diversos orçamentos foram apurados os seguintes desvios.

	DQ	DNA	DMV
Com espetáculo	28 000 (D)	16 000 (F)	44 000 (D)
Sem espetáculo	17 000 (F)	6000 (F)	11 000 (F)
Total	11 000 (D)	22 000 (F)	33 000 (D)

Caso prático n.º 2

A empresa de *catering* Quatro exerce a sua atividade em festivais e eventos. Apenas disponibiliza um prato aos seus clientes, filete de espada com banana. Estimou a venda de 2000 pratos a um preço de venda de 11 €. Disponibilizou as seguintes informações:

Ficha de custo padrão do prato:

	Unidade física	Quantidade por prato	Preço/kg	Custo unitário
Espada	Kg	0,3	10,00 €	3,00 €
Restantes custos		1	2,50 €	2,50 €
Custo unitário				5,50 €

No fim do mês, obtiveram-se as seguintes informações reais, sabendo, desde já, que venderam 2200 pratos. O preço de venda aplicado foi de 10 €.

Ficha de custo real do prato:

	Unidade física	Quantidade por prato	Preço/kg	Custo unitário
Espada	Kg	0,4	9,00 €	3,60 €
Restantes custos		1	2,50 €	2,50 €
Custo unitário				6,10 €

Elabore o orçamento rígido, o orçamento flexível I, o orçamento flexível II e o mapa de custos real. Calcule o desvio eficiência e desvio preço em relação ao ingrediente espada.

Resolução:

Custos	OR	DR	OFI	OFII
Espada	6000,00 €	7920,00 €	6600,00 €	8800,00 €
Outros	5000,00 €	5500,00 €	5500,00 €	5500,00 €
Total	11 000,00 €	13 420,00 €	12 100,00 €	14 300,00 €

DE espada = OFII – OFI = 8800,00 € – 6600,00 € = 2200,00 € (D)
DP espada = DR – OFII = 7920,00 € – 8800,00 € = 880,00 € (F)

Caso prático n.º 3

Considerando o enunciado do caso prático n.º 1 do Capítulo X, ponto 13, iremos agora comparar os valores orçamentados com os valores reais com o objetivo de apurar os eventuais desvios.

Relativamente à ocupação, a taxa de ocupação média de quartos não decresceu tanto como previsto, situando-se nos 60%. Por sua vez, a taxa de ocupação múltipla manteve-se sempre igual.

O diretor de A&B conseguiu:

- Reduzir os custos de A&B como previsto;
- Aumentar o gasto médio dos clientes nas bebidas de 10% ao jantar nos 2 restaurantes.

Relativamente às quantidades vendidas, os resultados foram os seguintes (valores sem IVA):

	Volume de vendas
Pequenos-almoços	Todos os hóspedes
N.º médio diário de clientes ao almoço	18
Taxa média de rotação ao jantar	13%
Taxa média de rotação	30%
Pequenos-almoços em média/dia	20
N.º médio de clientes almoços/diversos	60
Pedidos	2 quartos/dia
Almoços/mês	425
Jantares/mês	425
Coffee-breaks/mês	1120
Pedidos	45 quartos/dia

Com base nos dados fornecidos, pretende-se a elaboração do orçamento operacional real de A&B com o cálculo dos desvios em relação aos valores orçamentados, em valor e percentagem.

Resolução:

	Orçamento	Real	Desvio €	Desvio %
Vendas alimentação	1 525 930,33 €	1 560 165,26 €	34 234,93 € (F)	2%
Pequeno-almoço	694 687,23 €	706 461,59 €	11 774,36 € (F)	2%
Restaurante 1 almoços	89 060,00 €	80 154,00 €	8906,00 € (D)	-10%
Restaurante 1 jantares	151 438,50 €	164 058,38 €	12 619,88 € (F)	8%
Restaurante 1	240 498,50 €	244 212,38 €	3713,88 € (F)	2%
Restaurante 2	87 227,70 €	93 458,25 €	6230,55 € (F)	7%
Bar - diversos	133 590,00 €	160 308,00 €	26 718,00 € (F)	20%
Bar - pequenos-almoços	35 368,50 €	41 610,00 €	6241,50 € (F)	18%

	Orçamento	Real	Desvio €	Desvio %
Bar	168 958,50 €	201 918,00 €	32 959,50 € (F)	20%
Banquetes - almoços	77 706,00 €	73 389,00 €	4317,00 € (D)	-6%
Banquetes - jantares	95 256,00 €	89 964,00 €	5292,00 € (D)	-6%
Banquetes - *coffee-break*	69 645,60 €	76 473,60 €	6828,00 € (F)	10%
Banquetes	242 607,60 €	239 826,60 €	2781,00 € (D)	-1%
Room-service	6230,55 €	4153,70 €	2076,85 € (D)	-33%
Minibar	85 720,25 €	70 134,75 €	15 585,50 € (D)	-18%
Custos Alimentação	534 840,03 €	546 510,84 €	11 670,81 € (D)	2%
Pequeno-almoço	263 981,15 €	268 455,40 €	4474,26 € (D)	2%
Restaurante 1 almoços	25 827,40 €	23 244,66 €	2582,74 € (F)	-10%
Restaurante 1 jantares	56 032,25 €	60 701,60 €	4669,35 € (D)	8%
Restaurante 1	81 859,65 €	83 946,26 €	2086,61 € (D)	3%
Restaurante 2	36 635,63 €	39 252,47 €	2616,83 € (D)	7%
Bar - diversos	37 405,20 €	44 886,24 €	7481,04 € (D)	20%
Bar - pequenos-almoços	8842,13 €	10 402,50 €	1560,38 € (D)	18%
Bar	46 247,33 €	55 288,74 €	9041,42 € (D)	20%
Banquetes - almoços	27 197,10 €	25 686,15 €	1510,95 € (F)	-6%
Banquetes - jantares	33 339,60 €	31 487,40 €	1852,20 € (F)	-6%
Banquetes - *coffee-break*	18 804,31 €	20 647,87 €	1843,56 € (D)	10%
Banquetes	79 341,01 €	77 821,42 €	1519,59 € (F)	-2%
Room-service	1059,19 €	706,13 €	353,06 € (F)	-33%
Minibar	25 716,08 €	21 040,43 €	4675,65 € (F)	-18%
Vendas bebida	347 937,84 €	331 986,40 €	15 951,44 € (D)	-5%
Restaurante 1 almoços	11 899,00 €	10 709,10 €	1189,90 € (D)	-10%
Restaurante 1 jantares	29 389,80 €	31 838,95 €	2449,15 € (F)	8%
Restaurante 1	41 288,80 €	42 548,05 €	1259,25 € (F)	3%
Restaurante 2	45 754,94 €	49 023,15 €	3268,21 € (F)	7%
Bar - diversos	155 855,00 €	149 620,80 €	6234,20 € (D)	-4%
Banquetes - almoços	25 326,00 €	23 919,00 €	1407,00 € (D)	-6%
Banquetes - jantares	27 540,00 €	26 010,00 €	1530,00 € (D)	-6%
Banquetes	52 866,00 €	49 929,00 €	2937,00 € (D)	-6%
Room-service	12 023,10 €	8015,40 €	4007,70 € (D)	-33%
Minibar	40 150,00 €	32 850,00 €	7300,00 € (D)	-18%
Custos bebida	69 168,79 €	66 621,96 €	2546,83 € (F)	-4%
Restaurante 1 almoços	2141,82 €	1927,64 €	214,18 € (F)	-10%
Restaurante 1 jantares	4702,37 €	5094,23 €	391,86 € (D)	8%
Restaurante 1	6844,19 €	7021,87 €	177,68 € (D)	3%

	Orçamento	Real	Desvio €	Desvio %
Restaurante 2	15 556,68 €	16 667,87 €	1111,19 € (D)	7%
Bar - diversos	26 495,35 €	25 435,54 €	1059,81 € (F)	-4%
Banquetes - almoços	4558,68 €	4305,42 €	253,26 € (F)	-6%
Banquetes - jantares	4957,20 €	4681,80 €	275,40 € (F)	-6%
Banquetes	9515,88 €	8987,22 €	528,66 € (F)	-6%
Room-service	1923,70 €	1282,46 €	641,23 € (F)	-33%
Minibar	8833,00 €	7227,00 €	1606,00 € (F)	-18%
Total vendas A&B	1 873 868,17 €	1 892 151,66 €	18 283,49 € (F)	1%
Total custos A&B	604 008,82 €	613 132,80 €	9123,98 € (D)	2%
Custos com pessoal	805 097,00 €	805 097,00 €	- €	0%
Outros custos operacionais	347 962,00 €	347 962,00 €	- €	0%
Total de custos	1 757 067,82 €	1 766 191,80 €	9123,98 € (D)	1%
Resultado bruto operacional	116 800,34 €	125 959,86 €	9159,52 € (F)	8%

7. Bibliografia relevante do capítulo

Datar, S., & Rajan, M. (2018). *Horngren's Cost Accounting — A managerial emphasis.* (16.ª edição). Pearson.

Guilding, C. (2014). *Accounting essentials for hospitality managers.* (3.ª edição). Routledge.

Jordan, H., Neves, J., & Rodrigues, J. (1993). *O controlo de gestão.* CIFAG.

BIBLIOGRAFIA

AHRESP. (2018). Restauração e Hotelaria e Turismo, caracterização do setor, HORECA. Disponível em https://ahresp.com/app/uploads/2019/01/CaracterizacaodoSetor 2016.pdf

Anthony, R., & Govidarajan, V. (1995). *Management control systems*. Irwin.

Burns, J., Quinn, M., Warren, L., & Oliveira, J. (2013). *Management accounting*. McGraw-Hill.

Caiado, A. P. (2012). *Contabilidade Analítica e de Gestão*. Áreas Editora.

Caiado, A. P. (1999). *Modelo de classificação racional das operações empresariais*. Vislis Editores.

CNC [Comissão de Normalização Contabilística]. (2022). Sistema de Normalização Contabilística. Disponível em http://www.cnc.min-financas.pt/.

Cunha, L. (2022). *Turismo e Desenvolvimento, realidades e perspetivas*. Lidel.

Datar, S., & Rajan, M. (2018). *Horngren's Cost Accounting – A managerial emphasis*. (16.ª edição). Pearson.

Ferreira, D., Caldeira, C., Asseiceiro, J., Vieira, J., & Vicente, C. (2014). *Contabilidade de gestão*. Rei dos Livros.

Green, C. E., & Lomanno, M. V. (2012). *Distribution Channel Analysis: a Guide for Hotels. AH & LA and STR Special Report*. HSMAI Foundation.

Guilding, C. (2014). *Accounting essentials for hospitality managers*. (3.ª edição). Routledge.

HANYC [Hotel Association of New York City]. (2014). *Uniform System of Accounts for the Lodging Industry* (11.ª edição revista). American Hotels & Lodging Education Institute.

Harris, P. (2013). *Profit planning for hospitality and tourism*. Goodfellow Publishers.

Jones, T., Atkinson, H., Lorenz, A., & Harris, P. (2012). *Strategic Managerial Accounting*. Goodfellow Publishers.

Jordan, H. et al. (2003). *O controlo de Gestão – ao serviço da estratégia e dos gestores*. (5.ª edição). Áreas Editora.

Jordan, H., Neves, J., & Rodrigues, J. (1993). *O controlo de gestão*. CIFAG.

Jordan, H., Neves, J., & Rodrigues, J. (2003). *O controlo de gestão*. Áreas Editora.

Legohérel, P., Poutier, E., & Fyall, A. (2013). *Revenue Management for Hospitality & Tourism*. Goodfellow Publishers Limited.

Lima Santos, L. (2004). *Fluxos de caixa*. (3.ª edição). Vida Económica.

Lima Santos, L., Gomes, C., Faria, A. R., Lunkes, R., Malheiros, C., Silva da Rosa, F., & Nunes, C. (2016). *Contabilidade de Gestão Hoteleira*. ATF — Edições Técnicas.

Martins, A. L. (2017). *Contabilidade de Gestão nas Administrações Públicas*. Rei dos Livros.

Moser, F. (2002). *Manual de gestão de alimentação e bebidas*. Edições Cetop.

Nabais, C., & Nabais, F. (2016). *Prática de Contabilidade Analítica e de Gestão*. Lidel.

OCDE [OECD]. (2020). *OECD Tourism Trends and Policies 2020*. OECD Publishing. https://doi.org/10.1787/6b47b985-en.

Saraiva, A., Rodrigues, A. I., Coimbra, C., Fantasia, M., & Nunes, R. (2018). *Contabilidade de Gestão*. Edições Almedina.

Schmidgall, R. (2011). *Hospitality Industry Managerial Accounting*. (7.ª edição). American Hotel & Lodging Educational Institute.

Teixeira, S. (2011). *Gestão das Organizações*. (2.ª edição). Verlag Dashöfer.

WTTC. (2022). *Portugal 2022 Annual Research: Key Highlights*. https://wttc.org/Research/Economic-Impact/moduleId/704/itemId/186/controller/DownloadRequest/action/QuickDownload

SOBRE OS AUTORES

Ana Lucas Martins

Doutora em Gestão (Universidade Europeia, Lisboa), Mestre em Contabilidade e Fiscalidade (Universidade Lusófona de Humanidades e Tecnologias, Lisboa) e Licenciada em Organização e Gestão de Empresas (ISCTE-IUL, Lisboa).

Professora Auxiliar na área da contabilidade de gestão e financeira e coordenadora das licenciaturas em Contabilidade (Online) e Gestão de Empresas (presencial e online) e do mestrado em Gestão de Empresas (Online) na Universidade Europeia.

Professora Adjunta Convidada na área da contabilidade de gestão no Instituto Superior de Contabilidade e Administração de Lisboa (ISCAL).

Investigadora integrada do CiTUR — Centro de Investigação, Desenvolvimento e Inovação em Turismo.

Autora e coautora de diversos artigos nacionais e internacionais.

Autora do livro *Contabilidade de Gestão nas Administrações Públicas e coautora do livro Contabilidade Financeira na Hotelaria e Restauração.*

Membro e Embaixadora da Grudis — Accounting Research Network.

Membro da Ordem dos Contabilistas Certificados.

Luís Lima Santos

Doutor em Ciências Económicas e Empresariais (Universidade de Vigo, Espanha), Mestre em Contabilidade e Finanças Empresariais (Universidade Aberta) e Licenciado em Auditoria Contabilística (ISCA, Politécnico do Porto).

Professor Coordenador na área das ciências económicas e empresariais na Escola Superior de Turismo e Tecnologia do Mar do Politécnico de Leiria.

Investigador integrado do CiTUR — Centro de Investigação, Desenvolvimento e Inovação em Turismo. Coordenador do CiTUR Leiria.

Coautor de diversos artigos nacionais e internacionais na área da contabilidade de gestão hoteleira.

Coautor de vários livros, com destaque para *Fluxos de Caixa, Contabilidade de Gestão Hoteleira* e *Contabilidade Gerencial Hoteleira*.

Membro e Embaixador da Grudis — Accounting Research Network.

Membro da Associação Portuguesa de Contabilistas.

Membro da Ordem dos Contabilistas Certificados.

Conceição Gomes

Doutora em Ciências Empresariais — Contabilidade (Universidade do Minho), Mestre em Economia Financeira (Universidade de Coimbra) e Licenciada em Administração e Gestão de Empresas (Universidade Católica Portuguesa).

Professora Adjunta na área da contabilidade de gestão na Escola Superior de Turismo e Tecnologia do Mar do Politécnico de Leiria.

Investigadora integrada do CiTUR — Centro de Investigação, Desenvolvimento e Inovação em Turismo.

Autora de diversos artigos nacionais e internacionais na área da contabilidade de gestão.

É coautora de dois livros: *Contabilidade de Gestão Hoteleira e Contabilidade Gerencial Hoteleira*.

Membro da Grudis — Accounting Research Network.

Membro da Ordem dos Contabilistas Certificados.

Cátia Malheiros

Doutora em Administração de Empresas e Comércio Internacional (Universidade da Extremadura, Espanha) e Licenciada em Gestão Turística e Hoteleira (ESTM, Politécnico de Leiria).

Professora Adjunta e coordenadora da licenciatura em Gestão Turística e Hoteleira na Escola Superior de Turismo e Tecnologia do Mar do Politécnico de Leiria. Leciona nas áreas da gestão do alojamento e da alimentação e bebida.

Investigadora integrada do CiTUR — Centro de Investigação, Desenvolvimento e Inovação em Turismo; a principal investigação tem sido desenvolvida na área do controlo de gestão hoteleira com a publicação de artigos nacionais e internacionais.

Coautora de dois livros: *Contabilidade de Gestão Hoteleira* e *Contabilidade Gerencial Hoteleira*.